Michael Squar
Nationalparks in der Schweiz, Österreich und Deutschland

MICHAEL SQUAR, geboren 1955 in Gimmeldingen / Kreis Neustadt an der Weinstraße, aufgewachsen in Frankfurt am Main, dort ausgebildet zum Versicherungskaufmann, Diplomstudium der Geographie mit Meteorologie und Historischer Ethnologie an der Goethe-Universität Frankfurt am Main sowie Lehramtsstudium Geschichte und Erdkunde, wohnhaft in Bad Homburg.

Michael Squar

Nationalparks in der Schweiz, Österreich und Deutschland

Rediroma-Verlag

Bibliografische Information der Deutschen Nationalbibliothek:
Die Deutsche Nationalbibliothek verzeichnet diese Publikation in der Deutschen Nationalbibliografie; detaillierte bibliografische Daten sind im Internet über http://portal.dnb.de abrufbar.

ISBN 978-3-98885-042-3

www.rediroma-verlag.de

11,95 Euro (D)

Für Johannes und Moritz

Inhaltsverzeichnis

Vorwort

Wer kennt ihn nicht, den Begriff des Nationalparks. Die meisten Menschen verknüpfen damit einen naturnahen Raum mit schützenswerter Flora und Fauna, der darüber hinaus aber auch zu Freizeit-und Erholungszwecken dienen soll.

Die Idee zur Schaffung von (Natur-) Schutzgebieten, zu denen eben auch die Nationalparks zählen, ist bereits 150 Jahre alt. Sie wurde in der zweiten Hälfte des 19. Jahrhunderts geboren und manifestierte sich endgültig 1872 in Form des Yellowstone-Nationalparks im Nordwesen der USA fast vollständig auf dem Territorium des Bundesstaats Wyoming. Er erstreckt sich über eine Fläche von etwa 9.000 qkm, das entspricht knapp der Hälfte des Staatsgebiets von Slowenien.

In der ersten Jahren nach seiner Gründung war der Park jedoch weniger zum Naturschutz als vielmehr zum Freizeit- und sogar Jagdvergnügen der Menschen gedacht. Das änderte sich erst, als nach und nach erkennbar wurde, dass in großem Umfang natürliche Ressourcen vernichtet wurden. Schließlich griff 1894 ein Gesetz zum effektiven Schutz dieses weltweit ersten Nationalparks. Es ist durchaus nicht vermessen zu behaupten, dass dies wohl die bis heute weitaus sinnvollste Errungenschaft der Amerikaner war. Ein Erbe, das sich sukzessive auf die meisten Staaten der Erde übertragen hat.

Vor der Wende zum 20. Jahrhundert folgten nach Yellowstone nur noch der Royal-Nationalpark rund 30 km südlich von Sydney (151 qkm) im Jahr 1879, der Banff-Nationalpark im Südwesten Kanadas (6.650 qkm) im Jahr 1885 und der auf der neuseeländischen Nordinsel befindliche Tongarino-Nationalpark (780 qkm) im Jahr 1887.

In Europa begann diese Ära mit neun schwedischen Nationalparks, alle gegründet 1909 und von Norden nach Süden fast über das ganz Land verteilt. Danach errichtete die Schweiz 1914 ihren bis heute noch einzigen „Schweizerischen Nationalpark“ im Unterengadin im äußersten Südosten des Landes nahe des lombardischen Skiorts Livigno. Die Natur einfach Natur sein lassen, (fast) ohne jegliche anthropogene Eingriffe in einer großflächigen, natürlichen Landschaft ist als Prozessschutz unabdingbare Voraussetzung für die zweckgebundene Idee eines Nationalparks. In diesem Punkt unterscheidet er sich grundsätzlich von den meisten anderen Schutzraumkategorien ebenso wie von gepflegten Kulturlandschaften.

Zum Erhalt und Schutz einer ursprünglichen Landschaftsform gehört aber auch die aufklärende Erfahrungsvermittlung an den Menschen, der Anteil und Freude an der Erhabenheit wundervoller Natur mit ihrer Artenvielfalt und den jeweiligen Ökosystemen haben soll. Diese Anliegen gehört unzertrennlich zum Sinn und Zweck eines Nationalparks dazu. Es verleiht ihm somit eine bipolare Funktion.

Gerade in unserem gegenwärtigen Gesellschaftssystem, das zu ökologischen und sozial verträglichen Lebensformen aufruft, letztendlich dann aber doch immer wieder auf weiteres ökonomisches Wachstum und noch mehr Konsum setzt, ist Rückbesinnung auf naturnahe, bescheidenere Wertvorstellungen immens wichtig.

Einleitung

In Europa gibt es etwa 350 Nationalparks unterschiedlichster Größenordnungen in 39 Staaten. Hierbei ist zu beachten, dass es staatenübergreifend keine feste, einheitliche Definition für den Nationalpark-Begriff gibt. Wegen der unterschiedlichen nationalen Klassifizierungen von Schutzgebieten bietet die internationale Nichtregierungsorganisation IUCN mit Sitz in Genf ihr gleichnamiges System an, welches alle Schutzgebiete der Erde in sieben Kategorien einteilt:

Kat. I a	***Strenges Naturreservat:*** Dient vorwiegend zu Forschungszwecken
Kat. I b	***Wildnisgebiet:*** Entwicklung ohne jegliche anthropogene Beeinflussung
Kat. II	***Nationalpark:*** Schutz von Ökosystemen + sanfter Tourismus
Kat. III	***Naturdenkmal:*** Schutz von besonderen Naturerscheinungen (z. B. Steilküste)
Kat. IV	***Biotop - /Artenschutzgebiet (klassische Naturschutzgebiete):*** Gezielte anthropogene Eingriffe
Kat. V	***Landschaftsschutzgebiet:*** Schutz von Kulturlandschaften und mariner Gebiete mit Erholungsfunktion für den Menschen

Kat. VI **_Ressourcenschutzgebiet:_** Schutz biologischer Vielfalt zum Erhalt nachhaltiger anthropogener Nutzung.

Diese Begrifflichkeiten bilden im internationalen Raum kein starres System, da nationale Eigenheiten vielfältige Interpretationsmöglichkeiten zulassen. Somit findet auch der Begriff „Nationalpark" in den einzelnen Staaten unterschiedliche Anschauung. Besonders deutlich wird das am am bisher einzigen in der Schweiz explizit als Nationalpark bezeichneten „Schweizerischen Nationalpark" (SNP) deutlich. Er wird dort offiziell auch als „das größte Wildnisgebiet der Schweiz" unter strengem Naturschutz mit intensiven wissenschaftlichen Forschungsaktivitäten charakterisiert und fällt damit in die höchste Schutzklasse der Kategorie I a.

Die klassischen Naturschutzgebiete (Kategorie IV) machen mit einem Anteil von gut einem Viertel den größten Anteil aus. Zusammen mit den Kategorien III und V bilden sie es etwa die Hälfte aller Schutzklassen.

Nachfolgend werden die 23 Nationalparks im deutsch-rätoromanischen Raum Mitteleuropas in ihrer Entwicklung, Struktur, Lage, Ausdehnung und ihren spezifischen Besonderheiten dargestellt. Es handelt sich um einen Nationalpark in der Schweiz, sechs in Österreich und 16 in Deutschland. Nach den IUCN-Regeln werden folgende Zonierungen untergliedert:

Zone I **_Kern- bzw. Naturzone:_** Auf 75 % der gesamten Parkfläche erfolgt ausschließlich natürliche Entwicklung ohne jegliche Eingriffe seitens des Menschen

Zone II ***Entwicklungszone:*** Allmähliche Entwicklung zu den Bedingungen der Kernzone mit Hilfe notwendiger anthropogener Regulierungsmaßnahmen und anschließender Fusion mit ihr nach spätestens 30 Jahren. Wirtschaftliche Nutzung ist ausgeschlossen

Zone III ***Randzone:*** Sie dient als Pufferzone zur Abschirmung von Zone II durch entsprechende anthropogene Maßnahmen

Zone IV ***Erholungszone:*** Maßvolle Infrastruktureinrichtungen für Besucher

Ein einheitliches nationales Zonierungssystem ist in Deutschland jedoch nicht vorhanden. Jedes Bundesland kann also unterschiedliche Bezeichnungen und Einteilungen vornehmen. Zumindest partiell richtungsweisend ist aber in den meisten Fällen die IUCN - Einteilung. Auch in Österreich besteht diesbezüglich wenig Einheitlichkeit, obgleich eine gewisse Schnittmenge bei den Kern- und Randzonen definiert wird. Nationalparks sind dort die einzigen Schutzgebiete des Bundes unter Umsetzung durch Vereinbarung von Bund und betreffendem Bundesland. Die Finanzierung erfolgt zu je 50 % von beiden Seiten. Ansonsten fallen alle weiteren Angelegenheiten in den ausschließlichen Kompetenzbereich der Bundesländer.

In der Schweiz gibt es vier verschiedene Parkkategorien: den Schweizerischen Nationalpark, den Nationalpark der neuen Generation (noch nicht realisiert), die 17 regionalen Naturparks (ohne Zonierung) und die zwei Naturerlebnisparks als Naherholungsgebiete nahe städtischer Agglomerationen (Zürich und Lausanne). Es handelt sich also aktuell um 20 Parks (in der

Schweiz Pärke genannt) von nationaler Bedeutung, von denen aber bisher nur der Schweizerische Nationalpark den wesentlichen Kriterien nach den IUCN - Regeln entspricht. Er besteht ausschließlich aus einer streng geschützten Kernzone.
Die notwendigen Finanzmittel gelangen über das Bundesamt für Naturschutz (BAFU) vom Bund an das 2007 gegründete „Netzwerk Schweizer Pärke", das als Dachverband eine Leistungsvereinbarung mit dem BAFU geschlossen hat. Die organisatorisch-rechtlichen Strukturen unterscheiden sich somit deutlich von denen in Deutschland und Österreich.

Schweizerischer Nationalpark

Hochalpines Kleinod erster Güte

Entwicklung

Im äußersten Südosten der Eidgenossenschaft, im Kanton Graubünden direkt zur Grenze nach Italien, befindet sich seit 1914 der Schweizerische Nationalpark als einer der Ältesten in Europa. Schon um 1900 zeigten sich erste bedrohliche Einflüsse auf den Naturraum der Alpen durch deren sukzessive touristische und industrielle Erschließung. Jeder wollte der Erste auf den Gipfeln der drei- und über viertausend Meter hohen, majestätischen Berge sein. Unvermeidlich folgten sämtliche ökonomische Begleiterscheinungen, um die fortschreitende Gier nach Konsum und Bequemlichkeit zu befriedigen.
Weitblickende, naturnahe Pioniere, Mitglieder der „Schweizerischen Naturforschenden Gesellschaft“ unter Leitung der beiden Forscher Paul und Fritz Sarasin, erkannten diese Problematik. Sie gründeten 1909 zunächst den „Schweizerischen Bund für Naturschutz“ (heutige Bezeichnung „Pro Natura“) und schließlich im August 1914 nach Schweden als zweites Land in Europa den „Schweizerischen Nationalpark“ in einem Gebiet, das aufgrund seiner naturräumliche Lage kaum landwirtschaftliche Aktivitäten zuließ, noch weitgehend unberührt war und deshalb besonders geeignet erschien. Zunächst auf 99 Jahre gepachtet kam es Ende der 1950er Jahre durch Bundesbeschluss zur unbefristete Umwandlung der entsprechenden Verträge. Im Jahr 1968 fand dann die Eröffnung des Nationalparkhauses statt. Die Anerkennung als UNESCO – Biosphärenreservat folgte 1979. Ein neues Nationalparkgesetz konnte 1980 verabschiedet

werden; zusammen mit einer Verordnung des Kantons Graubünden verlieh es dem Park nun eine eindeutige rechtliche Grundlage. Die Parkerweiterung um knapp 4 qkm wurde ebenfalls 1980 realisiert, gleichzeitig aber die Schaffung einer Umgebungszone für den Nationalpark von der Bevölkerung abgelehnt. Im Jahr 2000 folgte eine zusätzliche Erweiterung um die Seenplatte von Macun. Diese Nationalparkexklave auf 2.600 Meter Meereshöhe umfasst 3,6 qkm mit mehr als 20 Karseen. Sie befindet sich knapp 10 km östlich von Zernez und stellt als wahres Naturjuwel eines der Parkhighlights dar.

Die Einweihung des neuen Nationalparkzentrums wurde 2008 in der Gemeinde Zernez vorgenommen, einem Museum mit vielfältigen Informationsmöglichkeiten in vier Ausstellungsräumen zur Vielfalt der Natur.
Nach dem neuen Konzept der UNESCO-Biosphärenreservate von 1995 war hinsichtlich dieser Funktion eine Überarbeitung erforderlich. Seit Sommer 2017 ist der Park nun von der UNESCO auch nach deren neuen Richtlinien als Biosphärenreservat („Engiadina Val Müstair“) anerkannt. Erforderlich war hierfür die Schaffung einer Pflege- und einer Entwicklungszone im östlichen Bereich des Nationalparks mit Schwerpunkt im Val Müstair, an deren Projektierung ab 2001 gearbeitet wurde.

Struktur

Der Schweizerische Nationalpark ist eine öffentlich-rechtliche Stiftung mit der Eidgenössischen Nationalparkkommission als Stiftungsrat. Dieser besteht aus neun vom Bundesrat gewählten Mitgliedern und nimmt alle Rechte und Pflichten im Auftrag des Staates wahr.

Mit einer Fläche von 170 qkm handelt es sich um einen verhältnismäßig kleinen Nationalpark, der nur aus einer Kernzone ohne Umgebungszonen besteht (zum Biosphärenreservat siehe oben). Sein Areal verteilt sich auf die vier Parkgemeinden Zernez (68,6 %), S-chanf (13,5 %), Scuol (13,2 %) und Val Müstair (4,7 %), welche von der Eidgenossenschaft einen jährlichen Pachtzins erhalten.

Die Höhenlagen reichen von 1.400 bis 3.174 Meter über dem Meer auf dem Gipfel des Berges Piz Pisoc. Beide Extrempunkte befinden sich im nördlichsten Zipfel des Parks. An seinen südöstlich exponierten Bereich grenzt der nordwestlichste Teil des „Nationalparks Stilfser Joch“ (Lombardei und Trentino-Südtirol) an, der 1935 gegründet wurde und eine Fläche von insgesamt 1.350 qkm aufweist.

Es herrscht ein niederschlagsarmes, raues Klima mit geringer Luftfeuchte und starker Sonneneinstrahlung vor. Das sind Voraussetzungen und Gründe für Brandgefahren vor allem in den Frühjahrs-und Sommermonaten, wie sie bereits in den Jahren 1951 und 1962 in Erscheinung traten und große Teile der Vegetation sowie die Humusschicht zerstörten.

Gut die Hälfte des Gebiets ist frei von jeglicher Vegetation, es handelt sich dabei um Hochgebirge mit Fels und Geröll. Die andere Hälfte setzt sich zu 28 % aus Nadelwald und dem Rest aus alpinen Matten (Wiesen) zusammen. Letztere bilden die alpine Stufe zwischen 2.100 und 2.500 Meter Meereshöhe mit zahlreichen Kräutern und sonstigen Alpenpflanzen. Beim Baumbestand dominieren die „Aufrechten Bergkiefern" (-föhren) und im steileren Gelände die „Legkiefern". Diese sind typisch für die Ostalpen, jene für die Westalpen. Der Nationalpark befindet sich in diesem Übergangsbereich. Somit überlappen sich beide Föhrenarten.

Im Sommer verweilen rund 2.000 Hirsche im Park, der Rothirsch ist dort das größte Huftier. Der Bestand an Gämsen beläuft sich auf etwa 1.500 Tiere. Nach ihrer Ausrottung im 17. Jahrhundert gibt es hier wieder 300 Steinböcke, rätoromanisch heißen sie „Macun". Alpenmurmeltiere finden sich in der subalpinen Höhenstufe und den Matten des alpinen Raums vor. Vereinzelt gesichtet wurden auch schon Bär, Luchs und Wolf. Der Luftraum wird beherrscht vom majestätischen Steinadler, der gegenwärtig auch im Nationalpark brütet. Hier findet er ideale Lebensbedingungen mit zahlreichen Beutetieren. Seine Leibspeise sind Murmeltiere, sodass er hier wie im Schlaraffenland leben kann. Fast noch imposanter anzuschauen sind die Bartgeier mit einer Flügelspannweite von annähernd drei Meter. Auch sie haben nach ihrer Ausrottung im 19. Jahrhundert hier wieder eine Heimat gefunden. Sie ernähren sich von Aas, vor allem von den protein- und fetthaltigen Knochen, wobei sie größere Stücke zwecks Zersplitterung aus der Höhe auf Steine fallen lassen.
Kreuzotter und Berg- bzw. Waldeidechse sind sie dominanten Reptilien im Schweizerischen Nationalpark. Als wechselwarme

Tiere sind sie ab April aktiv und können aufgrund ihrer Tarnung nur aufmerksam entdeckt werden.
Insgesamt sind hier mehrere tausend Tier- und Pflanzenarten, vom Mikrokosmos bis zu den größeren Raubtieren, beheimatet.

Nationalparkziele

Unbeeinflusste Entwicklung der Natur, wissenschaftliche Erforschung der Entwicklungsprozesse sowie die Vermittlung der daraus resultierenden Ergebnisse an die Besucher: das sind die drei grundlegenden Elemente der Zielsetzung des Parks.

Beim Naturschutz stehen dabei weniger die Erhaltung einzelner Arten als vielmehr die ganzheitlich ablaufenden natürlichen Prozesse im Fokus. Hier werden keine Bäume geschlagen, keine Wiesen gemäht, keine Tiere gejagt, keine Pflanzen gepflückt und keine Wege verlassen. Schnee-oder Geröllawinen gehören demzufolge ebenso zu dem allseitig geschützten Lebensraum. Im Endeffekt sollen Zustände wie vor dem ersten Eintreffen des Menschen vor 5.000 Jahren eintreten.

Primäres wissenschaftliches Interesse liegt auf der Langzeitforschung der Veränderungen der Lebensräume und seiner pflanzlichen und tierischen Bewohner im Nationalpark. Die ersten Beobachtungsareale zum Begreifen natürlicher Entwicklungen entstanden schon 1917 und werden unter laufender Aktualisierung bist heute fortgeführt. Forschungsresultate veröffentlicht unter anderem die „Akademie der Naturwissenschaften Schweiz“ (SCNAT) im Rahmen verschiedenen Publikationen.

Diese Veröffentlichungen führen zum dritten Ziel, der Information und dem Bildungsanspruch der Parkbesucher. Eigenes Erleben findet Ergänzung durch Angebote zu Führungen im Park, Vorträgen, Naturlehrpfaden und Ausstellungen bis hin zu Fortbildungen für Lehrkräfte. Nicht zuletzt informiert auch das Besucherzentrum in Zernez die Gäste ausführlich über sämtliche Aktivitätsmöglichkeiten im Nationalpark.

Schweizerischer Nationalpark (170 qkm)

Räumliche Verteilung

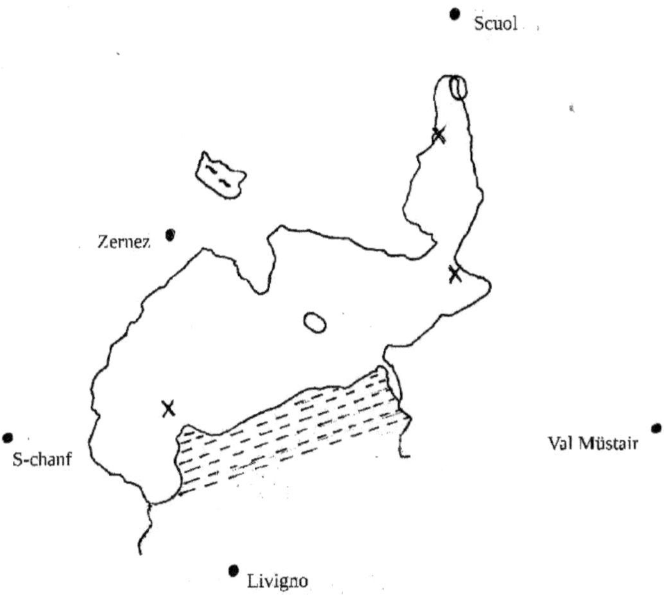

X Berggipfel 3.150 – 3.173 m ü.M.

0 Niederungen < 1.700 m ü.M. (Flusstäler Spöl und Cleminga)

≈ Exklave Seenplatte Macun 2.600 m ü.M.

☰ ☰ ☰ Angrenzender Teil des „Nationalparks Stilfser Joch“ in der Lombardei

5 Km

Nationalpark Hohe Tauern

Alpines Herz Österreichs

Entwicklung

Die erste grundlegende Idee zum ältesten und mit Abstand größten Nationalpark Österreichs resultiert aus dem Ankauf eines 10 qkm großen Areals durch den „Verein Naturschutzpark" (VNP) im Jahre 1913 im Felber- und Stubachtal der Hohen Tauern. Gut zwei Jahrzehnte später kam noch eine kleine Fläche von 13 ha hinzu. Im Zuge eines beabsichtigten Kraftwerksbaus mussten die hierfür benötigten Flächen im Stubachtal 1940 gegen benachbarte Bereiche eingetauscht werden.

Infolge der Weltkriege und ökonomischer Rezessionen sollte es jedoch noch Jahrzehnte dauern, bis schließlich erst 1971 ein länderübergreifender Beschluss der drei Bundesländer Kärnten, Salzburg und Tirol zur Schaffung eines solchen Nationalparks gefasst werden konnte. Nochmals vergingen 10 Jahre bis zur Gründung des „Nationalparks Hohe Tauern". Zunächst erklärte Kärnten 1981 seine Gebiete zum Nationalpark, 1983 folgte das Bundesland Salzburg. Osttirol hingegen hatte Bedenken wegen projektierter Kraftwerke und war dann wiederum erst 1991 bereit zum Zusammenschluss. Ausschlaggebend für diese Entwicklung war die Planung eines Wasserkraftwerks in Verbindung mit einem Stausee nahe der Gemeinde Kals in Osttirol am Großglockner – Bergmassiv. Hier, im Dorfertal mit seinen zahlreichen Gebirgsbächen, sollte der größte Staudamm Österreichs entstehen. Den Befürwortern bot dieses Ansinnen grünen Strom und viele Arbeitsplätze. Der anderen Fraktion erschien der Erhalt und dauerhafte Schutz der Naturlandschaft mit der Möglichkeit des sanften Tourismus wichtiger. Politik und Gesellschaft waren bis in einzelne Familien hinein gespalten. Die Auseinandersetzungen zogen sich über mehrere Jahre hin, bis man schließlich 1987 das Staudammprojekt endgültig fallen ließ.

Im Rahmen der 1994 getroffenen „Dreiländervereinbarung“ konnte dann die gemeinsame Zusammenarbeit in Sachen Naturschutz und Förderung des Parks konkretisiert werden. Ein langer, zäher Weg über viele Hürden und mehrere Jahrzehnte hinweg war nun geschafft. Dieses Ziel und seine Umsetzung wurde letztendlich durch unermüdliche Aufklärung und Kompromisse mit den betroffenen Bevölkerungsteilen im Einklang mit deren Wünschen und Bedenken erreicht.
Zwischen 1981 und 2011 vergrößerte sich der Nationalpark durch sukzessive Erweiterungen auf seine heutige Gesamtfläche von knapp 1.860 qkm mit 3 Nationalparkverwaltungen für jedes Bundesland. Insofern erfolgte die IUCN – Anerkennung der Schutzklasse II zuerst für den Bestand Kärntens 2001, während die Salzburger und Tiroler Anteile erst fünf Jahre danach die entsprechenden Urkunden erhielten.

Der „Verein Naturschutzpark“ (VNP Stiftung Naturschutzpark) als originärer Gründer des heutigen Nationalparks Hohe Tauern verkaufte seine Areale mit einer Fläche von knapp 30 qkm im Jahr 2016 an den Salzburger Nationalparkfonds, einem Amt der Salzburger Landesregierung.

Struktur

Die rechtlich-organisatorischen Strukturen sind hier komplexer, da zum einen drei Bundesländer mit jeweils eigenen Naturschutzgesetzen involviert sind und sich zum anderen die Eigentumsverhältnisse völlig unterschiedlich gestalten; sie sind zum überwiegendem Teil in privater Hand. Größter einzelner Eigentümer ist der "Österreichische Alpenverein“ (ÖAV) mit einem Anteil von fast 20 %, während rund zwei Drittel der Gesamtfläche den regionalen Bauernfamilien gehören. Der Rest entfällt auf organisierte Landwirte und schließlich auf staatliche Stellen wie die „Österreichischen Bundesforste“.

Wegen dieser Besonderheiten sind im organisatorischen Aufbau des Nationalparks außer den Nationalparkverwaltungen (als ausführende Organe der allgemeinen Verwaltung des hoheitlichen Bereichs) ein „Nationalparkfonds“ (Aufgaben der Privatwirtschaftsverwaltung, des Förderungswesens und der Forschung) sowie ein „Nationalparkrat“ (beratende Funktion) geschaffen worden.
In seiner räumlichen Ausdehnung bildet der Nationalpark keine geschlossene Einheit. Er ist in mehrere, ineinander verschachtelte Schutzzonen gegliedert. Die Kernzonen unterliegen nach Kategorie II der IUCN-Systematik strengem Naturschutz unter völligem Ausschluss von wirtschaftlicher Nutzung in drei Viertel dieser Areale. Ausnahmen im restlichen Viertel bilden unter anderem die zeitgemäße, naturnahe Land- und Forstwirtschaft sowie sanfter Tourismus. In den Außenzonen soll durch zielgerichtete Förderungsmaßnahmen der Almwirtschaft das hierfür typische Landschaftsbild erhalten werden. Sie umschließen die Kernzonen und stellen den Übergangsbereich zwischen Dauer-

siedlungsgebieten und den streng geschützten Räumen dar. Hervorzuheben ist das in der Kernzone liegende, etwa 67 qkm umfassende „Wildnisgebiet Sulzbachtäler“, welches in der Venediger - Gebirgsgruppe im Salzburger Teil liegt und für sich allein genommen die Schutzkategorie Ib erfüllt. Mehrere Jahrtausende vom Eis der Gletscher überzogen wurde es nach dem Abschmelzen der Eiskappen von Menschen besiedelt. Die nachfolgende Verbreitung von Flora und Fauna lässt sich über den gesamten Besiedlungsverlauf nachvollziehen. Drei weitere solcher Sonderschutzgebiete sind die „Gamsgrube“ (Dünenlandschaft mit verwitterten Flugsanden) bei Heiligenblut, die „Großglockner-Pasterze“ als größtem Gletscher Österreichs sowie das Gebiet „Piffkar“, ebenfalls am Großglockner in der Gemeinde Fusch. Letztes wurde in der Vergangenheit als Almfläche bewirtschaftet und dann unter Schutz gestellt, um forschend festzustellen, wie sich natürliche Prozesse mit ihren ökologischen Wechselwirkungen wieder regenerieren.

Die Flächen der Kernzonen umfassen insgesamt 1.213 qkm, davon entfallen auf Salzburg 44 %, auf Tirol 29 % und auf Kärnten 27 %. Die Ausdehnung der Außenzonen beträgt 643 qkm, wobei die Bundesländer Salzburg / Tirol jeweils 41 % und Kärnten 18 % einnehmen. Dieses riesige Areal erstreckt sich über 40 km von Norden nach Süden und etwa 100 km in west - östliche Richtung in einem vertikalen Bereich von 1.000 m ü.M. bis zum höchsten Berg Österreichs, dem Großglockner auf knapp 3.800 m ü.M. Hochalpine Schutt-, Fels-und Gletscherflächen machen die Hälfte des Nationalparks aus, alpine Gras- und Weideareale knapp 40 %. Der restliche Teil besteht aus Wäldern und den für den Ostalpenraum typischen Legkiefern.

Aufgrund der ausgeprägten Biodiversität sind hier sämtliche Ökosysteme der Alpen großflächig vorzufinden. Annähernd 40 % aller im Land beheimateten Pflanzenarten sowie ungefähr die Hälfte der Säugetiere, Amphibien, Reptilien und Vögel können hier angetroffen werden. Das liegt insbesondere an den natürlichen Standortbedingungen wie den geologischen, geomorphologischen, hydrologischen und klimatischen Verhältnissen der Mittel- und Hochgebirgsregionen. Aufgrund dieser Gegebenheiten wird innerhalb der verschiedenen Höhenstufen die Querung aller Klimazonen Mitteleuropas bis zur Arktis erreicht.

Diese Höhenstufen unterteilen sich nach Standorten von Pflanzen wie folgt:

700 bis 1.600 Höhenmeter (Montanstufe):
Laub- Mischwald, Fichtenwald

1.600 bis 2.300 Höhenmeter (Subalpinstufe):
Nadelwald mit Lärchen und Zirbelkiefer

2.300 bis 3.000 Höhenmeter (Alpinstufe):
Sträucher und Gräser

ab 3.000 Höhenmeter (Nivalstufe):
Moose, Farne, Flechten

Mehr als 10.000 Tierarten, vom fünf Gramm schweren Singvogel Wintergoldhähnchen bis zu den „Big-Five" der Hohen Tauern" (Steinbock, Gams, Bartgeier, Steinadler und Murmeltier) leben im Nationalpark. Problematisch ist allerdings die kontroverse Einstellung von Naturschützern und Landwirten zur Anwesenheit von sogenanntem Großraubwild wie Bär, Luchs oder

Wolf. Derartige Diskussionen ergeben sich zwangsläufig aus der Tatsache, dass der „Nationalpark Hohe Tauern“ in seiner Gesamtkonzeption einen recht großen, vielleicht zu intensiven Stellenwert auf anthropogene Nutzungsaktivitäten (Alm-, Landwirtschaft, Freizeitaktivitäten) legt. Denn genau diese explizite Einbeziehung verschiedener großräumiger Kulturlandschaftselemente in das gesamte Ideensystem ist sehr weit ausgelegt. Eine ausgewogene Balance beider Interessensphären ist in einen so großen Schutzgebiet eben nur schwer zu finden.

Nationalparkziele

In der Naturzone des Nationalparks (= 75 % der Kernzone) soll sich die Natur völlig frei von jedweder anthropogener Nutzung entfalten können, um natürliche Prozessverläufe ungehindert zu ermöglichen. Innerhalb der gesamten Kernzone werden, außer Maßnahmen zur Qualitätssicherung, keinerlei zusätzliche Infrastruktureinrichtungen eingerichtet.

In den Außenzonen werden Almen durch sogenannte Bewirtschaftungsmodelle im Rahmen nationalparkgerechter Anforderungen weiterentwickelt. Unter Beachtung der Multifunktionalität der natürlichen Wälder soll bei deren Bewirtschaftung kleinflächig, schonend und rücksichtsvoll vorgegangen werden. Außerdem genießt der Gewässerschutz Aufmerksamkeit mit dem Ziel der höchsten Gewässerzustandsklasse 1.

Als Gelände der alpinen Freiland- und Schutzgebietsforschung dient der Nationalpark außer den Untersuchungen zur Bio- und Geodiversität schwerpunktmäßig auch der Entwicklung eines langfristigen und länderübergreifendem biotischen und abiotischen Beobachtungs- und Überwachungssystems. Zu den abiotische Umweltfaktoren zählen unter anderem die Atmosphäre, das Klima, oder das Wasser. Derartige Ansätze sind insbesondere auch zur Problemwahrnehmung innerhalb des Parks erforderlich. Im Rahmen der Feldforschung werden Standortkartierungen angefertigt, die räumlichen Aufschluss zur Pflanzen- und Tierwelt geben.

Ebenso hohe Ziele setzt der Nationalpark in seine Bildungsfunktion. Neben den unmittelbaren Naturerlebnissen, welchen den Besuchern in vielerlei Hinsicht unvergesslich bleiben, wird grundlegendes Wissen über das Zusammenspiel verschiedenster Lebensformen, Ökosysteme und den Stellenwert derartiger Schutzgebiete vermittelt. Hierbei spielen die Nationalpark-Akademie für Erwachsene in Matrei/Osttirol sowie die Klima- und Wasserschule als qualitätsgesicherte, länderübergreifende Institutionen neben spezifischen Bildungsprogrammen eine wesentliche Rolle. Insbesondere heranwachsende Menschen sollen für den Schutz der Natur und deren nachhaltige Entwicklung sensibilisiert werden.

Schließlich soll der „Nationalpark Hohe Tauern" auch als Anziehungspunkt mit dem Angebot eines sanften Tourismus zur Regionalentwicklung beitragen. Von diesem positiven Sogwirkungseffekt profitieren letztendlich auch sämtliche umliegenden Gemeinden.

Nationalpark Hohe Tauern (1.856 qkm)

Räumliche Verteilung

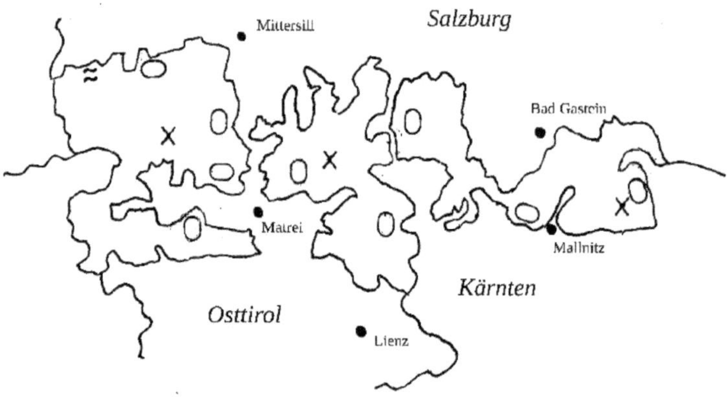

20 Km

X Berggipfel 3.350 – 3.798 m ü.M.

0 Niederungen < 1.500 m ü.M.

≈ Krimmler Wasserfälle

Nationalpark Neusiedlersee – Seewinkel

Vogelparadies in der Puszta des Burgenlandes

Entwicklung

Als echter Steppensee grenzt der durch eine spätglaziale tektonische Einmuldung entstandene Neusiedler See im Westen an die östlichsten Ausläufer der Alpen. Er gehört zur pannonischen Tiefebene, des westlichsten Teils des über 7.000 km langen, bis Ostasien reichenden eurasischen Steppengürtels. Diese Naturlandschaft mit seiner Artenvielfalt inspirierte von jeher Naturschützer und -forscher zu naturkundlichen Untersuchungen und Überlegungen, hier ein Schutzgebiet zu errichten.

Bereits um 1935 konnte der „Österreichische Naturschutzbund" einige Grundstücksflächen pachten. Zwanzig Jahre später wurde mit Hilfe von Spendengeldern bei Neusiedl am See im Schilfgürtel die „Biologische Station Neusiedler See" errichtet, welche man Anfang der 1970er Jahre nach einem Brand in die Nähe von Illmitz verlagerte. Zu Beginn der 1960er Jahre pachtete der damals noch junge WWF Österreich weiteres Gelände zum Schutz einer Hutweide.

Zunächst noch in seiner Funktion als „Landschaftsschutzgebiet Neusiedlersee" konkretisierte sich dann im Verlauf der 1980er Jahre der Wunsch nach einem grenzüberschreitenden Nationalpark durch die Regierungen von Österreich und Ungarn. Die Initialzündung erfolgte mit Gründung des heute 238 qkm umfassenden „Fertö- Hanság-Nemzeti Parks" im Jahr 1991 auf ungarischer Seite, dessen gegenwärtiges Gebiet schon Ende der 1970er Jahre unter Naturschutz gestellt wurde. Nun waren die burgenländischen Österreicher am Zug, die 1992 ein Nationalparkgesetz verabschiedeten, um ihrerseits mit dem direkt angrenzenden, 97 qkm großen „Nationalpark Neusiedler See – Seewinkel“ 1993 nachzuziehen. Die IUCN – Anerkennung als Schutzgebiet der Kategorie II erfolgte dann recht zügig im Jahr 1994.

Mit der Gründung des Nationalparkzentrums im Frühjahr 1996 konnte eine ergiebige Informationsstelle für Besucher geschaffen werden, die Antworten auf alle Fragen bietet sowie Entdeckungsmöglichkeiten im Park aufzeigt. Es liegt im nördlichen Teil der Gemeinde Illmitz etwa 4 km vom Ostufer des Neusiedler Sees entfernt.

Struktur

Der Nationalpark, eingebettet in ein rund um den Neusiedlersee (320 qkm) liegendes Landschaftsschutzgebiet, ist, räumlich unregelmäßig verteilt, je zur Hälfte in Natur (Kern-) und Bewahrungszonen gegliedert. Er besteht zu gut einem Viertel aus Seen und Lacken (kleine, flache, aus dem Grundwasser gespeiste salzhaltige Seen), zu 30 % aus Wiesen und Weiden und zu 43 % aus Schilf. Die gesamte Fläche (110 - 120 m ü.M.) verteilt sich auf insgesamt 1.200 private Eigentümer, mit denen langfristige Pachtverträge abgeschlossen werden konnten.

Obwohl die Natur- bzw. Kernzonen laut IUCN zur Zertifizierung mindestens 75 % der gesamten Nationalparkfläche einnehmen sollten, hier aber nur die Hälfte vorliegt, wurde die internationale Anerkennung als Nationalpark trotzdem erteilt, weil in diesem Ausnahmefall die alte kulturelle Bedeutung einer Steppenlandschaft mit dem Erhalt der Biodiversität gleichzusetzen ist.

Die großen Schilfareale im Park werden vorwiegend von den Naturzonen eingenommen, die sich somit hauptsächlich entlang der Uferrand- und Flachwasserbereiche des südöstlichen Teils des Neusiedlersees erstrecken. Hier findet keinerlei Nutzung statt, das Betreten und jeder anthropogene Eingriff ist nach dem Nationalparkgesetz streng verboten.

Die Bewahrungszonen hingegen fungieren in Form bereits sehr alter, offener, steppenartiger Lebensräume als alte Kuturlandschaften, die ohne menschliche Nutzung ihren traditionellen Charakter verlieren würden. Im Managementplan des Parks sind folglich wirtschaftliche Aktivitäten wie beispielsweise Beweidung, Wiesenmahd oder Wasseraufstau nicht nur erlaubt sondern auch wünschenswert. Darüber hinaus ist das allgemeine Betreten der Bewahrungszonen auf markierten Wegen möglich. Sie verteilen sich auf sechs Bereiche:

Zitzmannsdorfer Wiesen: Sie liegen am Nordostufer des Neusiedlersees mit wechselnden Halbtrockenrasen (u. a. Federgras, Salbei) und wechselfeuchten Wiesen (Schwertlilie, Grau-Aster). Hier leben zahlreiche Vögel wie Brachvogel, Kiebitz oder Uferschnepfe.

Illmitz-Hölle: Nomen ist in diesem Fall nicht unbedingt Omen. Etwa 10 km südlich der Zitzmannsdorfer Wiesen entlang des Sees weiden Przewalski - Pferde und brüten Graugänse. Hier befinden sich Salzlacken, die im Frühjahr/Sommer austrocknen und sogenannten Sodaschnee (kristallisiertes Salz) bilden. Als Folge wachsen Meeresküstenpflanzen wie Salzkresse oder Salzaster.

Podersdorf-Karmazig: Südlich der Gemeinde Podersdorf brüten zahlreiche Graugänse sowie auch der Stelzenläufer, der am Neusiedlersee seit Mitte des 19.Jahrhunderts nicht mehr zu sehen war und seit Beginn der 1990er Jahre nun auch hier wieder in Erscheinung tritt.

Sandeck - Neudegg: Der südlichste Bereich des Nationalpaks auf österreichischer Seite ist ein Verlandungsgebiet (Zuwachsen des Ufers von stehenden Gewässern durch Sedimentation organischen Materials) mit Schilf, Wiesen und Baumbeständen. Zu sehen sind hier der „Weiße Barockesel“ (österreichisch-ungarische Züchtung seit der Barockzeit), das Ungarische Steppen-

bzw. Graurind sowie Rotwild und Wildschweine. Von den rund 350 vorkommenden Vogelarten innerhalb des gesamten Nationalparks sind in diesem Gebiet insbesondere der Silber- und Löffelreiher häufig zu sehen.

Waasen – Hanság: Knapp 20 km östlich von Illmlitz, unmittelbar an der ungarischen Grenze gelegen ist dieser Nationalparkteil ein ehemaliges, entwässertes Teilbecken des Neusiedler Sees. Er beheimatet heute die Großtrappe, dem mit über 15 Kilo schwersten, flugfähigen und sehr selten gewordenen Vogel Eurasiens. Zu finden ist hier das ebenfalls seltene Pfeifengras und Sumpfknabenkraut.

Apetlon – Lange Lacke: Dieses Gebiet mit Lacken und Weiden liegt rund 5 km östlich von Illmitz und ist als Rastplatz für Zugvögel interessant. Der Steppeniltis, das Europäische Ziesel (Familie der Erdhörnchen) sowie der Hamster sind hier ebenso heimisch wie aus der Pflanzenwelt das rare Kampferkraut und der Salzsteppen-Wermut.

Im Gewässer des Neusiedlersees tummeln sich zahlreiche Fischarten wie Hecht, Wildkarpfen, Schleie, Aal, Flussbarsch, Zander oder Wels. Der Bestand des Europäischen Wels als größtem Seebewohner nahm seit der Jahrtausendwende deutlich zu, wahrscheinlich unter dem Einfluss der Erderwärmung und dem damit verbundenen, vermehrten Wachstum unter dem Wasserspiegel wachsender (submerser) Pflanzen.

Nationalparkziele

Die grundlegenden Zielsetzungen beinhalten die Förderung, den Schutz und die Weiterentwicklung des Nationalparks als natürliches und landschaftlich wertvolles Gebiet. Die Tier- und Pflanzenwelt einschließlich ihre Lebensräume sowie die einzelnen Kulturlandschaftstypen sind in ihrem Bestand zu sichern. Außerdem soll im Rahmen des grenzüberschreitenden Nationalparkgedankens die Zusammenarbeit zwischen dem österreichischen und ungarischen Teil forciert werden.

Im Bildungsbereich wird praxisnaher Unterricht für alle Altersklassen sowohl in Freier Natur als auch in Seminar- und Laborräumen angeboten. Hierbei steht die praxisnahe, grundlegende und vertiefte Wissensvermittlung zu konkreten Themen im Vordergrund. Eine dreistündige „Impuls-Exkursion" vermittelt erste Eindrücke in Flora und Fauna, Ganz- und Mehrtagesprogramme konkretisieren verschiedene Themen zur Sensibilisierung der Besucher hinsichtlich verschiedener Lebensräume im Einklang von Mensch und Natur. Teilnehmer sollen im Rahmen ihrer Möglichkeiten möglichst Eigeninitiative walten lassen, indem sie Anstöße zu selbständigen Problemlösungen erhalten.

Interne und externe Forschungsprojekte werden von der Abteilung „Forschung, Monitoring & Citizen Science" des Nationalparks durchgeführt und koordiniert. Diese reichen unter anderem vom „Beweidungsmonitoring" über das „Zugverhalten der Graugänse" bis hin zur „Untersuchung der Dungkäferfauna". Derartige Programme haben Dokumentationen zu Entwicklungsprozessen zum Ziel und dienen dem Erkenntnisgewinn sich verändernder Bedingungen im Nationalpark zum Zweck entsprechender Optimierungsmaßnahmen.

Nationalpark Neusiedler See – Seewinkel (97 qkm)

Räumliche Verteilung

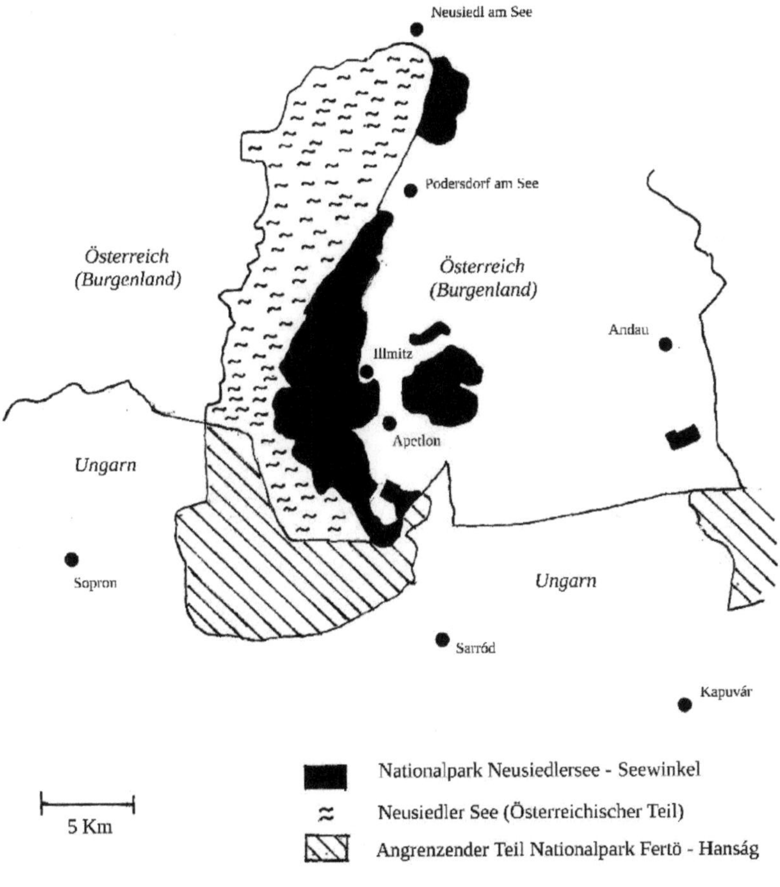

Nationalpark Donau – Auen

Größte Flussauenlandschaft Mitteleuropas

Entwicklung

Während der Industriellen Revolution kam es insbesondere im Verlauf des 19. Jahrhunderts in Europa zu Flussbegradigungen zum Zweck der Schiffbarkeit, der Landgewinnung und dem Schutz vor Hochwassergefahren. In der ersten Hälfte der 1870er Jahre fand die erste Wiener Donauregulierung statt, um Überschwemmungen einzudämmen. Da sich im Laufe der folgenden Jahrzehnte durch zahlreiche Hochwasser herausstellte, dass diese Maßnahme nicht ausreichte, wurde 1972 als zweite Wiener Donauregulierung ein neues Hochwasserprojekt gestartet und 1988 vollendet. Agrarwirtschaftliche Nutzung in den Auwäldern sowie der Bau von Wasserkraftwerken trugen zusätzlich zu Störungen der ökologischen Vielfalt des Flusses bei. Sein Lauf von der Stadt Wien ostwärts zur slowakischen Grenze blieb jedoch noch relativ unbehelligt.

Seit Anfang der 1980er Jahre als Landschaftsschutzgebiet ausgewiesen und als Nationalpark bereits in Planung, war 1984 bei Hainburg, kurz vor der slowakischen Grenze, ein Kraftwerk vorgesehen. Es drohte nun die Vernichtung dieses -neben der Wachau westlich von Wien- letzten frei fließenden Abschnitts der Donau mit seinen ökologisch wertvollen Auwäldern. Naturschützer riefen deshalb erfolgreich zu Protesten auf, die letztendlich Wirkung zeigten und die politisch Verantwortlichen zum Umdenken bewegen konnten. Solchen Amtsträgern gebührt hoher Respekt im Sinne ihrer Einsicht entgegen den Kraftwerksbefürwortern. Ein Paradebeispiel dafür, wie durch friedliche, vernunftbedingte Argumente rein wirtschaftlich orientiertem Größenwahn begegnet werden kann. Lebensqualität äußert sich nun einmal nicht ausschließlich in Gestalt ökonomischer Vorteile sondern vor allem in einem natürlichen, maßvollen Dasein im Rahmen der Grunddaseinsfunktionen.

Was folgte war die Gründung des „Nationalparks Donau-Auen“ im Herbst 1996 durch Vertrag zwischen der Bundesregierung und den Ländern Niederösterreich und Wien. Seit 1997 ist er als Schutzgebiet der IUCN-Kategorie II anerkannt. Zum 20-jährigen Gründungsjubiläum erfuhr der Park 2016 eine Erweiterung um knapp drei qkm im südöstlichen Bereich nahe der Gemeinde Petronell-Carnuntum (ehemals römische Siedlung) durch eine private Abgabe.

Struktur

In einem sanft nach Süden geschwungenen, maximal 4 km schmalen und 55 km langen Bogen entlang den Ufern der Donau zieht sich der „Nationalpark Donau-Auen“ in West-Ost-Richtung von Wien bis vor die die Tore der slowakischen Hauptstadt Bratislava. Er ist mit einer Fläche von 97 qkm auf die beiden Bundesländer Niederösterreich (76 %) und Wien verteilt und besteht zu knapp zwei Dritteln aus Auwald. Den Rest nehmen Gewässer zu 20% und Wiesen zu 15 % ein. Das Nationalparkgebiet weist auf der nördlichen Donauseite weite Ebenen aus und ist dadurch räumlich weitreichender als die südliche Seite, die durch die Abbruchkante des Wiener Beckens mit Hangwaldbestand begrenzt wird.

Der österreichischen Wasserstraßengesellschaft m. b. H. (viadonau) gehören etwa 15 % der Nationalparkfläche, der Stadt Wien 25% und den österreichischen Bundesforsten (ÖBF) rund 45 %. Der Rest entfällt auf eine Forschungsgemeinschaft des WWF sowie auf die Gemeinde Hainburg an der Donau. Auf staatliche und kommunale Institutionen entfallen somit über 90 % Eigentumsanteile.

Der Wiener Teil am Nordufer der Donau liegt auf dem Stadtgebiet der Bundeshauptstadt, ein überaus seltenes, wenn nicht sogar einzigartiges, weltweites Faktum. Es handelt sich dabei um das Au-Gebiet „ Obere-“ und „Untere Lobau“ (Wasserwald), welches bereits 1905 zu einem Naturschutzgebiet erklärt wurde und schon von jeher als Naherholungsgebiet für den Großraum Wien dient. Direkt am Eingang zur Lobau steht das Nationalparkhaus als Besucherzentrum für diesen Teil des Nationalparks.

Das Schloss Orth, eine mittelalterlichen Wasserburg nördlich der Donau etwa auf halber Entfernung zwischen den beiden Hauptstädten Wien und Bratislava, beheimatet seit dem Jahr 2005 das Nationalparkzentrum für den Abschnitt Niederösterreichs.

Aufgeteilt in drei Zonen wird sowohl dem Naturraum als auch der Kulturlandschaft Rechnung getragen. In der Naturzone finden keine wirtschaftlichen Nutzungen sowie keinerlei Eingriffe in den Naturhaushalt und Landschaftscharakter statt. Bedingt erlaubt sind lediglich temporäre Maßnahmen zur Förderung natürlicher Prozesse. Eine zweite Zone (Naturzone mit Managementmaßnahmen) gestattet nur Aktivitäten, die Naturschutzziele im Auge haben. Das kann beispielsweise eine Wiesenmahd oder Beweidung sein. Als Drittes sind Außenzonen (Sonderbereiche) für a) Ackerflächen, b) Fremdenverkehrs-und Verwaltungsareale, c) den Hochwasserschutzdamm und d) die Fahrrinne für Donauschiffe deklariert. Sie machen mit ungefähr 15 % einen verhältnismäßig geringen Anteil an der gesamten Nationalparkfläche aus. Deren Höhenstufen liegen zwischen 160 m ü.M im Westen und 140 m ü.M. im Osten (Donaugefälle).

Außer den Auwäldern als Herzstück gibt es weitere Lebensräume vielfältigster Art. Dazu gehören die Donau selbst, ihre zahlreichen Seitenarme, Schotterbänke, Uferbereiche, Wiesen und auch kleinräumige, kiesige Standorte in sonnenexponierten Lagen, den Brennen bzw. Heißländen. Es wird klar, dass der Artenreichtum an Flora und Fauna in solch einer Fülle von Lebensräumen gewaltig ist. Annähernd 1.000 Pflanzen-, mehr als 30 Säugetier-, 100 Brutvogel-, fast 70 Fisch- (= drei Viertel aller in Österreich vorkommenden Arten), 13 Amphibien-, 8 Reptilien- und rund 2.500 Insektenarten sind verbreitet.

In einer so großen Flussauenlandschaft wie in diesem Nationalpark lassen sich typische Standortunterschiede erkennen. So finden sich Weichholzauen mit Erlen, Weiden und Pappeln in Ufernähe, Hartholzauen mit Eichen, Ulmen und Eschen weiter entfernt davon in weniger von Überschwemmungen heimgesuchten, etwas höher gelegenen Gebieten. Eine von vielen möglichen visuellen Erfahrungen im Nationalpark.

Verschiedene Fledermausarten wie der „Große Abendsegler“ oder das „Graue Langohr“, Bieber, Rothirsch, Marder, Dachs, Fisch- und Seeadler sind nur ein Teil dieser Tierwelt, die der Besucher hier entdecken und erleben kann.

Nationalparkziele

Dem „Nationalpark Donau- Auen“ soll als naturnahes und landschaftlich wertvolles Gebiet von multinationaler Bedeutung Förderung und Erhaltungsschutz zugutekommen. Dies trifft insbesondere auf Tier- und Pflanzenarten, Lebensgemeinschaften sowie Lebensräume zu, die für eine Flussauenlandschaft typisch sind. Da es sich großräumig gesehen um ein äußerst dynamisches Ökosystem handelt, gilt es, die hier ablaufenden, komplizierten, wechselseitig wirkenden Prozesse in ihren Einzelheiten zu untersuchen und zu bewerten, damit die grundlegenden Schutzfunktionen gewährleistet werden können.

Ein wesentlicher anthropogener Aspekt liegt hier aber auch auf der Sicherung von Grundwasservorkommen zur Trinkwasserversorgung (insbesondere für den Verdichtungsraum Wien) unter Berücksichtigung der ökologischen Zielsetzungen. Die fortschreitende erosive Eintiefung der Donausohle als Folge der früheren Donauregulierungen führt zu sinkendem Wasserspiegel des Stroms und stellt somit ein Problem für den Nationalpark dar. Das mach sich unter anderem auch in der Lobau in Form von Austrocknung bemerkbar und gefährdet den Bestand der Auenlandschaft insgesamt. Dem wird durch verschiedene Projekte, beispielsweise durch Verklappung von Kies, entgegengewirkt.

Auch dieser Nationalpark soll der Erholung, Bildung und Forschung dienlich sein. Geführte Exkursionen, Schlauchboottouren, Workshops sowie eine Unterwasserstation im „schloss ORTH Nationalpark-Zentrum“ geben Einblicke in das Gelände mit seiner vielfältigen Tier- und Pflanzenwelt.

Kooperationen mit verschiedenen Schulen der umliegenden Gemeinden in Sachen Umweltbildungsarbeit dienen in Form von Projektwochen der Natursensibilisierung junger Menschen. Als „Freiluftlabor“ bietet der Nationalpark ein umfangreiches Betätigungsfeld für naturwissenschaftliche Forschungsaktivitäten auf dem Gebiet des Monitoring von Flora und Fauna. Ob „Scharlachroter Plattkäfer“ oder Specht: Sie alle erscheinen in der Serie „Nationalpark Donauauen – diverse wissenschaftliche Arbeiten“.

Nationalpark Donau – Auen (96 qkm)

Räumliche Verteilung

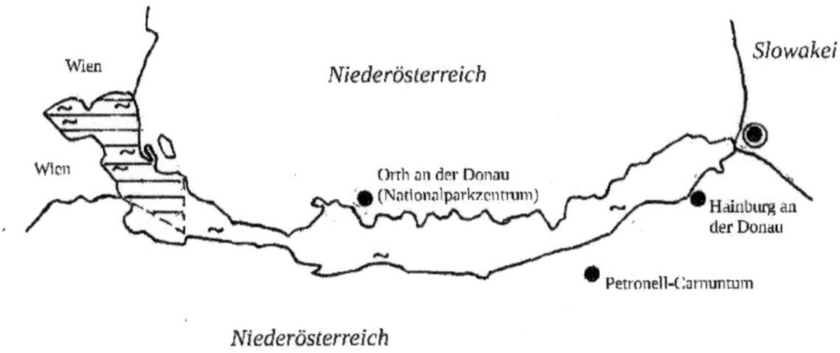

5 Km

Obere und Untere Lobau (Wiener Gemeindebezirk Donaustadt)

~ ~ Naturbadestellen

◉ Dúbravka (Nordwestlicher Stadtteil von Bratislava)

Nationalpark Kalkalpen

Alte Wälder, tiefe Höhlen, kühle Quellen

Entwicklung

Dachstein- und Wettersteinkalk sowie der daraus entstandene Dolomit bilden die Hauptmasse der Kalkalpen. Die Wiege des Kalksteins war der seichte Randmeeresboden der Tethys, in den nach Beginn des Mesozoikums vor 250 Millionen Jahren durch verschiedene Meereslebewesen Kalkskelette und -schalen sedimentiert wurden. In der Kreidezeit zerfiel der Urkontinent Pangäa in Kontinentalplatten, die auf der zähen Masse der Erdoberfläche trieben und teils gegeneinanderstießen (Plattentektonik). Dadurch wurden ältere Gesteinspakete (Decken) über jüngere geschoben, wodurch die Gebirgsbildung (Orogenese), also auch die der Alpen, infolge Hebung einsetzte. Die Kalksubstrate aus dem Meer finden sich heute unter anderem in diesem namensgebenden Nationalpark.

Die Entwicklung zum „Nationalpark Kalkalpen“ im Bundesland Oberösterreich vollzog sich in mehren Schüben. Zunächst wurde im Jahr 1976 das Sensengebirge im heutigen westlichen Gebietsteil als Naturschutzgebiet ausgewiesen. Seit Anfang 1983 stand das Reichraminger Hintergebirge im Südosten des heutigen Parks im Fokus polarisierter Gruppierungen. Ein Zusammenschluss von fast drei Dutzend Umweltgruppen zur „Arge Hintergebirge“ verhinderte erfolgreich verschiedene Nutzungspläne für diesen unbewohnten Gebirgszug zum Bau von Wasserkraftwerken oder zu einem Truppenübungsplatz für Panzer. Derartige Aktionen fanden in etwa zeitgleich mit denen in der „Hainburger Au“ (vgl. Nationalpark Donauauen) statt und führten schließlich zum Einlenken der politisch Verantwortlichen.

In der „Mollner Erklärung“ verschiedener Naturschutzverbände im Herbst 1989 wurde dann der Grundstein zur Gründung eines Nationalparks gelegt. In der ersten Hälfte der 1990er Jahre konnten planungsrechtliche Schritte insbesondere mit den Interessen von Landwirten und Grundstücksbesitzern abgestimmt werden. Mit der Verabschiedung eines Nationalparkgesetzes durch den oberösterreichischen Landtag Ende 1996 und nachfolgender Verordnung der Landesregierung fand im Sommer 1997 auf einer Fläche von zunächst 165 qkm die offizielle Eröffnung des Nationalparks statt . Noch im gleichen Jahr erkannte ihn die IUCN als Schutzgebiet der Kategorie II an.

Durch zwei Erweiterungen zwischen 2000 und 2003 erfolgte eine Flächenvergrößerung auf seine gegenwärtige Größe von knapp 209 qkm. Allerdings sind die ursprünglich schon bei der Gründung vorgesehenen Gebiete „Haller Mauern“ im Süden und das „Tote Gebirge“ im Westen noch immer nicht in das Nationalparkareal integriert. Ein gesetzlich vorgesehenes Versprechen, dessen Einlösung vom WWF Österreich gefordert wird.

Struktur

Der „Nationalpark Kalkalpen“ befindet sich am nordöstlichen Rand der Ostalpen. Er hat Mittel- bis Hochgebirgscharakter und beinhaltet mit einem Waldanteil von 81 % das größte zusammenhängende Waldgebiet Österreichs. Die restliche Fläche besteht zu 8 % aus Latschenbeständen (Bergkiefer), sowie zu 6 % aus Wiesen und Almen. Den Rest bilden Geröllflächen. Im äußersten Norden des Parks am Reichramingbach fällt das Gelände mit knapp 400 m auf den tiefsten Punkt über dem Meeresspiegel, während die höchste Erhebung mit dem „Hohen Nock“ im zentralen Teil des Sengsengebirges annähernd 2.000 m ü.M. erreicht. Dieser nördliche Vorposten der Kalkalpen nimmt den westlichen Teil des Nationalparks ein. Er ist von mehreren Höhlensystemen durchzogen, von denen die beeindruckende „Klarahöhle“ erst 1999 entdeckt wurde. Das riesige Höhlensystem mit dem größten Tropfstein der Nordalpen ist mehr als 30 km lang. Außerhalb dieser Höhlen ist auf den Hochflächen des Sensengebirges Wasser Mangelware. Schuld ist das Gestein des porösen Wettersteinkalks, welches das Niederschlagswasser förmlich aufsaugt und erst in den Tälern und Höhlen zum Vorschein kommt.

Im Gegensatz dazu sind die ausgedehntesten Waldareale mit Wasser im Überfluss im östlichen Teil des Parks, im „Reichraminger Hintergebirge“ zu finden, das weder durch Siedlungen noch durch öffentliche Verkehrswege zertrennt ist. Hier wird das Niederschlagswasser vor allem von undurchlässigerem Dolomitgestein gehalten, wo es sich bereits oberflächlich in Bächen sammelt, die im Laufe der Zeit zahlreiche Schluchten durch Gesteinseinschneidung erodierten.

Eingeteilt ist die gesamte Nationalparkfläche in eine Natur- und Bewahrungszone im Verhältnis von 89 zu 11 %. In der Naturzone soll, gemäß des Managementplans, die Rückentwicklung zu naturnahen Beständen gefördert werden, wobei zu diesem Zweck aber auch zeitlich begrenzte, waldbauliche Tätigkeiten möglich sind. In der Bewahrungszone hingegen liegt das Hauptaugenmerk auf der Erhaltung von Almen, deren Bewirtschaftung im Einklang mit ökologischen Erfordernissen erfolgen soll. Die naturnahe Kulturlandschaft ist dort zu erhalten.

Der Bund in Gestalt der Österreichischen Bundesforste ist mit 88 % Flächenanteil Haupteigner des gesamten Gebiets, 11 % liegen in privater Hand und 1 % befindet sich im Eigentum von acht umliegenden Gemeinden.

An die 50 Säugetierarten sind hier vertreten, unter anderen der Luchs und Fischotter als größere Beutegreifer, Rothirsche, Rehe und Gämsen sowie 17 Fledermausarten. Wegen der schneereichen Winter und der geomorphologischen Verhältnisse sind typische Alpenbewohner wie Wildkatze, Steinbock und Murmeltier allerdings eher rar oder fehlen gänzlich. Etwas mehr als 100 Vogelarten mit Steinadler, Bartgeier, Baumfalke und über 1.500 Schmetterlingsarten fliegen durch die reinen Lüfte, etwas langsamer geht es am Boden zu, wo mehrere Tausend Käferarten krabbeln und immerhin sieben Reptilienarten (Berg-, Zauneidechse, Äskulap-, Schling-, Ringelnatter, Kreuzotter, Blindschleiche) kriechen. In den Gebirgsbächen tummeln sich insbesondere Bachforellen und in Tallagen auch die Europäische Äsche. Mit dem Alpen- und Feuersalamander, Berg- und Teichmolch, Grasfrosch, Gelbbauchunke sowie der Erdkröte gibt es sieben Amphibienarten in den feuchteren Arealen.

Mit rund 1.000 Pflanzenarten ist im Nationalpark etwa ein Drittel der gesamten in Österreich vorkommenden Fauna heimisch, darunter 23 Laubbaum- und 6 Nadelbaumarten. Von diesen sind Fichten, Tannen und Buchen am häufigsten anzutreffen. Ein schier unerschöpfliches Reservoir an Blütenpflanzen vom Alpenveilchen bis zur Zwergalpenrose, Gräsern, Moosen und Farnen lassen Naturliebhaber das Herz höherschlagen.

Nationalparkziele

Grundlegendes Ziel ist der Erhalt und die Wiederherstellung der charakteristischen Tier- und Pflanzenarten in diesem Raum. Dazu zählen schwerpunktmäßig die Wiederbelebung des originären Ökosystems, der Aufbau einer dauerhaften Luchspopulation, der Erhaltungszustand des Auerhuhns und der Schutz von Laichgewässern der Gelbbauchunke auf Almweiden. Außerdem sollen Maßnahmen zum Schutz der bestehenden Vegetationsvielfalt ergriffen werden.

In Wäldern der Bewahrungszone sollen Bestände in Hinsicht verschiedener Waldgesellschaften Förderungsmaßnahmen unterliegen, während bei Fließgewässern Schutzmaßnahmen zu deren natürlicher Dynamik im Vordergrund stehen. Feuchtlebensräume und Wasserquellen auf Almen und Weiden sind ebenso wie kulturhistorische Einrichtungen zu bewahren.

Bildungsangebote mit dem Ziel der Annäherung zu natur- und umweltrelevanten Themen gibt es für Schulklassen in Form von Projektwochen oder Halb- und Ganztagsprogrammen von der Waldwerkstatt bis hin zur Vogelschule. Seminare für Erwachsene, Wildnis-Camps sowie Exkursionen in Begleitung von Nationalpark Rangern vermitteln Informationen und Kenntnisse zur Verknüpfung von natürlichen und kulturellen Landschaftsformen.

Die fortlaufende systematische Dokumentation natürlicher dynamischer Prozesse der Wildnisentwicklung ist ein bedeutendes Forschungsziel im „Nationalpark Kalkalpen“. Hierbei spielen verschiedene Kartierungsprojekte von Flora und Fauna eine wesentliche Rolle. Forschungsschwerpunkte bilden dabei Biotopkartierungen, Untersuchungen zum hydrologischen Zustand der Karstquellen, die Entwicklung zu einer natürlicheren Schalenwildregulation im Hinblick auf die Ansiedlung der Luchspopulation und das Monitoring zu langfristigen atmosphärischen Veränderungen im Nationalparkgebiet. Sämtliche wissenschaftliche Ergebnisse werden in der „Schriftenreihe Nationalpark Kalkalpen" und im Magazin „Vielfalt der Natur" veröffentlicht.

Nationalpark Kalkalpen (209 qkm)

Räumliche Verteilung

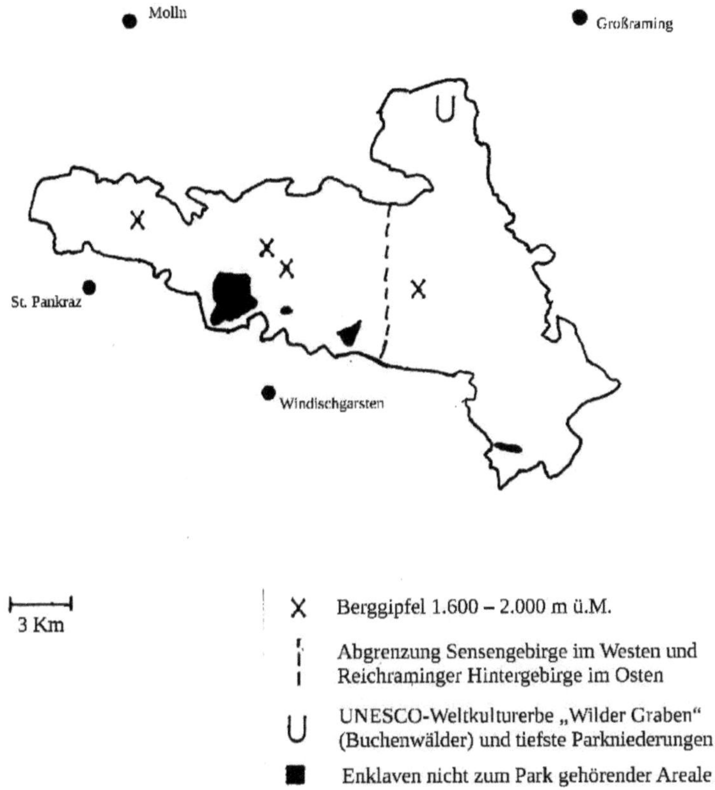

Nationalpark Thayatal

Steiles Durchbruchstal

Entwicklung

Am südöstlichen Rand der „Böhmische Masse“ liegt der heute grenzüberschreitende „Nationalpark Thayatal“. Dabei handelt es sich um Reste eines erodierten „Variszischen Gebirges“, welches vor mehr als 300 Millionen Jahren entstand. Aus dem magmatischen „Thaya-Granit“ der „Cadomischen Orogenese“ vor 600 Millionen Jahren entstand später durch hohe Temperaturen und starken Druck der extrem harte metamorphe Gneis.

Der Fluss Thaya hat sich bis zu 150 Meter tief in den Rest eines ehemaligen, abgetragenen Gebirgsstocks des nördlichen Waldviertels eingeschnitten. Dies gelang ihm bei Gesteinsschichten wie Schiefer oder Quarzit noch relativ leicht, selbst Granit widerstand nicht; am noch härteren Gneisgestein war das allerdings wesentlich schwieriger. Er suchte sich folglich den Weg des geringsten Widerstands, wich aus, schlängelte sich in Mäandern um den harten Fels herum und schuf somit im Verlauf der letzten 5 Millionen Jahre ein beeindruckendes Durchbruchstal mit dem heutigen Wahrzeichen des Nationalparks, dem 378 m hohen Umlaufberg zwischen den Gemeinden Hardegg und Merkersdorf.

Da auf tschechischer Seite bereits 1979 ein Gebiet von über 100 qkm direkt zur Grenze unter Naturschutz gestellt und dann 1991 als Nationalpark ausgewiesen wurde, stellte die Landesregierung Oberösterreichs ihrerseits Teile entlang des Flusses zu-

nächst unter Naturschutz mit dem festen Ziel, nun ebenfalls einen Nationalpark in Form einer typischen, eingeschnittenen Tallandschaft zu schaffen. Schließlich konnte 1997 der Staatsvertrag zwischen Bund und Land zur dessen Realisierung unterzeichnet werden. Niederösterreich erhielt somit im Jahr 2000 seinen zweiten Nationalpark, den die IUCN ein Jahr später als solchen zertifizierte.
Mit Tschechien findet seit der Existenz beider Nationalparks ein reger Austausch hinsichtlich der Koordinierung ihrer Managementpläne zu Forschung und verschiedenen anderen Managementmaßnahmen statt.

Struktur

Im Norden des Bundeslandes Niederösterreich fließt die Thaya als teilweiser Grenzfluss zu Tschechien auf einer Länge von rund 230 km in die March, einem Nebenfluss der Donau. Auf halbem Weg zwischen dem Wald- und Weinviertel liegt der „Nationalpark Thayatal", welcher direkt an den älteren tschechischen „Nationalpark Podyjí" anschließt. Die Staatsgrenze verläuft in diesem mäandernden Flussabschnitt direkt an der Thaya.

Das Gebiet liegt im Schnittpunkt des im Osten vorherrschenden trockeneren pannonischen Kontinentalklimas und des feuchten atlantischen Klimas im Westen. Als Folge dieser Durchmischung finden sich hier sowohl mittel- als auch kontinentaleuropäische Tier- und Pflanzenarten.

23 km Flusslänge nimmt die gemeinsame Nationalparkgrenze ein, unter Ausschluss der Mäander sind es lediglich 11 km Luftlinie. Der österreichische Teil umfasst eine Fläche von 13,6 qkm, die maximale Breite beträgt 3 km, die schmalsten Stellen kaum 500 Meter. Er besteht zu 92 % aus (Hang-) Wald, 4% sind Wiesen, 3 % Gewässer und der Rest ist Fels und Trockenrasen.

Geführt wird der Nationalpark als GmbH, einer Kapitalgesellschaft mit beschränkter Haftung, deren Eigentümer der Bund und das Land Niederösterreich sind. Er ist in drei Zonen eingeteilt: Die Naturzone umfasst 90 % der Gesamtfläche, 8 % entfallen auf die Naturzone mit Management, in der Eingriffe zum Schutz der Ökosysteme wie das Mähen von Wiesen erlaubt sind und 2 % auf die Außenzone mit Fremdenverkehrs- und geschützten historischen Bereichen.

Die höchsten Lagen erreichen knapp 500 m ü.M. im Nordwesten, die niedrigsten 250 m am Flussufer im äußersten Südosten. Rund 1,5 km südlich der Gemeinde Hardegg lädt das Nationalparkhaus als Informationspunkt die Besucher zu Wanderungen ein. Vorgestellt werden alle Besonderheiten des Tals zur Natur- und Kulturgeschichte.

Die große Vielfalt an Pflanzen, insbesondere der Wälder, die ja den weitaus größten Anteil an der Fläche des Nationalparks einnehmen, erklärt sich aus verschiedenen Faktoren. So spielen die bereits angesprochenen, unterschiedlichen klimatischen Verhältnisse, die Bodenbeschaffenheit in Abhängigkeit von diversen anstehenden Gesteinen und die Verfügbarkeit von Wasser und Nährstoffen eine entscheidende Rolle. Wenn sie abwechslungsreich sind, dann können auch auf kleinerem Raum mehr Arten in Erscheinung treten. Und genau das ist in diesem Nationalpark der Fall und macht ihn so besonders. Insofern wachsen hier Laubbäume wie Hain- und Rotbuche, Eiche, Ahorn und Linde als Hauptlaubbaumarten. An Nadelbäumen finden sich vereinzelt Tannen, Eiben oder Rotkiefern (-föhren). Aus den oben genannten Gründen dominieren im westlichen Teil des Parks Buchen-, im Osten hingegen Eichenwälder.

Auch hier gibt es die „Big-Five“ der Tierwelt, wenn auch andere als im „Nationalpark Hohe Tauern“. Dabei handelt es sich um die Wildkatze, den Schwarzstorch, Fischotter, Edelkrebs und die Smaragdeidechse. Seit 2007 ist die Wildkatze nach über 30 Jahren Abstinenz wieder nachgewiesen. Sie ist allerdings äußerst scheu, kaum zu sehen und noch weniger zu hören. Zwischen Hardegg und dem Umlaufberg kann der Schwarzstorch in den frühen Vormittagsstunden beobachtet werden. Um die 10 kg wiegt der Fischotter, ein Vielfraß und Einzelgänger, der schon mal einen ganzen Fischteich leer räumen kann. Der vom Aussterben bedrohte Edelkrebs hat in den Bächen sein Rückzugsgebiet. Zu einem Brennpunkt der Population von Smaragdeidechsen in Österreich zählt dieser Nationalpark. Mit einer Körperlänge von bis zu 40 cm ist sie die größte heimische Eidechsenart und kann an sonnenexponierten, felsigen Hanglagen beobachtet werden.

Nationalparkziele

Die Entwicklung natürlicher Waldgesellschaften mit strukturreichen Beständen ist eines der primären Ziele dieses Nationalparks. Dazu gehört auch eine Erhöhung des Totholzanteils, der unter anderem die strukturschaffende Flussdynamik prägt. Außerhalb geprüfter, eingriffsfreier Bereiche haben anthropogene Maßnahmen die Annäherung an den Naturzustand sowie den Erhalt der biologischen Vielfalt zum Ziel. Außerdem sollen Bestände invasiver Arten entfernt und standorttypisch aufgeforstet sowie Wiesen als Lebensräume für seltene Flora und Fauna erhalten werden.

Der ökologische Zustand der Thaya als aquatischer Lebensraum bedarf grundsätzlich grenzüberschreitender hydrologischer Verbesserungen wie der Festlegung von Durchflussmengen in Trockenzeiten. Lebensräume sensibler Tierarten wie Fischotter, Flusskrebs oder Biber sollen erhalten und gefördert werden.

Besondere Aufmerksamkeit gilt der Wildkatze, dem eigentlichen Symbol des Nationalparks. Sie steht im Fokus des Interesses mehrerer Forschungsprojekte, welche Aufschluss über ihr Wanderungsverhalten und ihre Verbreitung geben sollen. Zielvorgabe ist die dauerhafte Ansiedlung dieses grazilen Tieres mit einer gesicherten Population. Ein Projekt hierzu heißt „Connecting Nature AT-CZ“ in österreichisch-tschechischer Zusammenarbeit.

Vom Kindergarten bis zu Schulklassen sämtlicher Jahrgangsstufen hält das Schutzgebiet Tagesangebote sowie Projektwochen zu brennenden Fragen bereit. Naturerlebnisse sollen eine fruchtbare Bereicherung für Kinder und Jugendliche außerhalb ihrer digitalen Welt ermöglichen. Das gilt selbstverständlich auch für erwachsene Besucher, die, abgesehen vom Erholungsfaktor, Wert auf hinreichende Nationalparkkenntnisse durch Exkursionen oder themenbezogene Veranstaltungen legen.

Nationalpark Thayatal (13,6 qkm)

Räumliche Verteilung

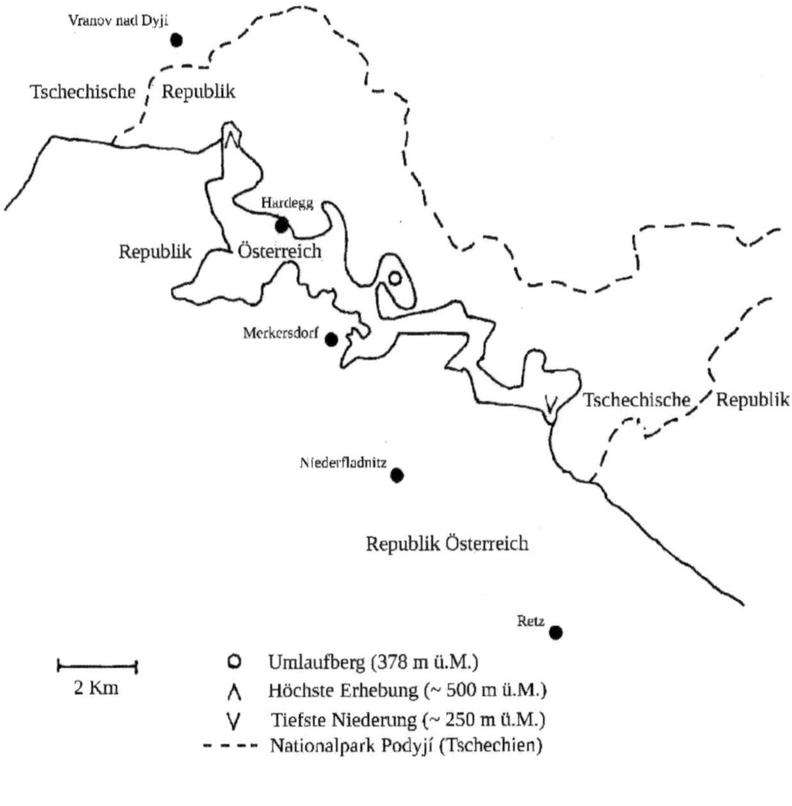

Nationalpark Gesäuse

Wildes Wasser, wilder Wald, steiler Fels,

Entwicklung

Der nur 10 km südöstlich vom „Nationalpark Kalkalpen“ gelegene „Nationalpark Gesäuse“ im Nordosten der Ennstaler Alpen ist geologisch gesehen ebenfalls ein Teil der Nördlichen Kalkalpen. Wettersteindolomit aus der Mittleren Trias, gefolgt vom Dachsteindolomit der Oberen Trias und schließlich dem darüber liegenden Dachsteinkalk sind die dominanten Gesteinsarten. Letzter bildet die steilen Felswände der Berge als landschaftsprägendes Element. Hier hat der Fluss Enns, ein 250 km langer Nebenfluss der Donau, in Jahrmillionen ein 16 km langes Durchbruchstal extrem steil eingeschnitten. Durch das starke Sohlgefälle und den Zufluss von Bächen aus Seitentälern rauscht das Wasser sausend und tosend dahin, wovon sich der merkwürdige Name „Gesäuse“ ableitet.

Erste Ideen zur Schaffung eines Nationalparks im Bundesland Steiermark gab es 1913 in den westlich benachbarten „Niederen Tauern“, die man jedoch wegen des Ersten Weltkriegs aus den Augen verlor. Ende der 1950er Jahre konnte zunächst durch Verordnung der Landesregierung das Gesäuse und zwei weitere Täler zu Naturschutzgebieten erklärt werden. Zwanzig Jahre später beschloss der Landtag die Schaffung eines „Nationalparks Niedere Tauern“, welcher an der mangelnden Akzeptanz der Region, insbesondere aber an der Haltung der betroffenen Grundbesitzer scheiterte. Planungen zur Nutzung der Wasserkraft im Gesäuse rückten immer wieder in den Vordergrund und riefen Naturschützer auf den Plan.

Wie schon so oft gab es auch in diesem Fall ein Pro und Contra: Ökologie gegen Ökonomie. Immer wieder zeigten Umfragen die Meinungsspaltung auf. Nach langen Verhandlungen und Aufklärungsarbeit wendete sich schließlich das Blatt zugunsten der Nationalparkidee mit dem Landtagsbeschluss zur Gründung des „Nationalparks Gesäuse“ im Sommer 2001 sowie der Verabschiedung des Nationalparkgesetzes im Frühjahr 2002. Ein Jahr später, am 01.03.2003, existierte nun auch offiziell ein Nationalpark in der Steiermark, der wiederum Ende 2003 von der IUCN als Schutzgebiet der Kategorie II anerkannt wurde.

Struktur

Das Gebiet liegt in der Obersteiermark nahe der Landesgrenze mit Oberösterreich nur wenige Kilometer in südöstlicher Richtung vom „Nationalpark Kalkalpen“ entfernt. Es umfasst eine Fläche von 121 qkm mit 52 % Waldanteil, 24 % Fels und Geröll, 13 % Latschen, 10 % Wiesen und Almen sowie jeweils 0,5 % Gewässer und infrastrukturelle Einrichtungen.

Es handelt sich um ein Areal mit Mittel- und Hochgebirgscharakter mit Höhenstufen von 500 m ü.M. im Nordosten bei Hieflau (Ennstal) bis 2.369 m ü.M. im Bergmassiv des Hochtor der Ennstaler Alpen. Insgesamt 10 Berggipfel, verteilt über die gesamte Fläche mit Kumulierung im Süden, erreichen Höhen von über 2.000 m ü.M. Die Enns durchließt den Nationalpark relativ mittig in west - östlicher Richtung und teilt ihn gewissermaßen in eine Nord- und Südhälfte.

Der Nationalpark ist in eine Natur- und Bewahrungszone eingeteilt. In der Naturzone (86 %) sind die Ökosysteme zu erhalten und zu fördern. Hier sind Eingriffe nur im Rahmen von befristeten Managementmaßnahmen erlaubt, welche die natürliche Entwicklung fördern. Außerdem dürfen die Karsthöhlen ausschließlich zu wissenschaftlichen Zwecken begangen werden. In der Bewahrungszone soll hingegen die naturnahe Kulturlandschaft erhalten bleiben. Eingeschränkte Nutzungsformen wie extensive Almwirtschaft, Wiesenmahd oder die der Infrastruktur sind in diesem Bereich möglich. Eigentümer des Nationalparks ist das Bundesland Steiermark mit einem Anteil von über 99 %, private Eigentümer gibt es nur marginal.

Im größten und vielfältigen Ökosystem Wald ist im Tal montaner Tannen-Buchenwald, darüber, in der hochmontanen Stufe, die Fichte und in den höheren, subalpinen Lagen Lärchen-Zirbelwald zu finden. Dieser Raum ist erfüllt von unzähligen Pflanzen und Tieren, sofern man gewillt ist, aufmerksam und genau hinzuschauen. Wer noch genauer hinschaut, erkennt sogar Lebensräume auf nackten, steilen Felsformationen in Form von Vegetationspolstern auf Vorsprüngen und Felsrinnen. Almwiesen sind Teil der Kultur-, insbesondere der Landwirtschaft, verfügen aber trotzdem über eine große Artenvielfalt. Sie bieten auch dem Menschen angenehmen Aufenthalt zum leiblichen Wohlergehen. Bleibt noch der Lebensraum Wasser mit der sausenden Enns und dem aus einen Seitental heranrauschenden Johnsbach. Darüber hinaus gibt es mehrere Hundert Quellen und Teiche sowie den kleinen Sulzkarsee, einem Moränensee glazialen Ursprungs auf 1.450 m ü.M. im südöstlichen Bereich der Naturzone.

Nach intensiven Forschungsarbeiten innerhalb der letzten 20 Jahre konnten im gesamten Nationalparkgebiet über 7.000 verschiedene Tier- und Pflanzenarten festgestellt werden.
Vom äußerst selten auftretenden Luchs über den Steinadler mit drei Brutgebieten bis hin zum Totholzkäfer, spezialisierten Alpenblumen und zahlreichen Orchideenarten reicht das breite Spektrum von Flora und Fauna.
Ein ganz besonderes Merkmal des „Nationalparks Gesäuse“ ist der Bestand an sogenannten Endemiten. Das sind Pflanzen und Tiere, die nur kleinräumig in einer bestimmten Region verbreitet sind. Diese „local heroes“ haben es geschafft, seit der letzten Eiszeit - und die liegt immerhin rund 12.000 Jahre zurück - hier zu überleben. Zu den gegenwärtig 30 bekannten endemischen Pflanzen des Parks zählen der „Nordöstliche Alpenmohn“, der

„Ennstaler Frauenmantel“ oder die „Alpennelke“. Knapp 200 endemische Tierarten sind bekannt, unter den vielen anderen der „Steirische Höhlenlaufkäfer“, das „Nördliche Riesenauge“ (Weberknechtart) und die „Zylinder-Felsenschnecke“.

Am Ufer der Enns, unterhalb des Dorfes Johnsbach, befindet sich das Erlebniszentrum „Weidendom“, das vielfältige Vorträge, Programme und Angebote mit Wildgarten oder dem Labyrinth des ökologischen Fingerabdrucks für interessierte Besucher bereithält. In den Orten Admont und Gstatterboden geben zwei weitere Informationszentren Auskünfte zum Nationalparkgeschehen.

Nationalparkziele

Das oberste Naturschutzziel des Nationalparks ist die Förderung natürlicher Prozesse in den verschiedenen Lebensräumen der Tier- und Pflanzenarten, bis keine anthropogenen Eingriffe mehr notwendig sind. Beispiel: Durch menschliche Einflüsse überprägter Fichtenbestand soll mit temporären, gezielten Eingriffen in artenreiche Naturwälder beschleunigt umgewandelt werden. Ein weiteres Ziel besteht in der Dauerbeobachtung (Monitoring) verschiedener standardisierter Projekte, welche alle als relevant erkannten Indikatoren abdecken sollen.

Bildung ist als Nationalparkziel gesetzlich verankert und soll den Sinn und Zweck der Idee eines solchen Parks nahebringen. Im Vordergrund stehen dabei zentrale Themen wie „Endemiten", „Wildes Wasser – Steiler Fels" oder „Wildnis". Die bewusste Erlebbarmachung der Natur, Sensibilisierung für natürliche Abläufe und Nachhaltigkeit stehen dabei im Fokus der Bildungsaufgaben für Schulen und Kindergärten. Das betrifft auch die Angebote für Erwachsene, wobei die Hälfte aller Veranstaltungen ausschließlich für diese Zielgruppe bereitsteht.

Schon seit dem 19. Jahrhundert wird das Gesäuse wissenschaftlich erforscht. Diesem Erbe sieht sich der Nationalpark verpflichtet. Er betreibt Forschung nicht nur aufgrund des gesetzlichen Auftrags, sondern auch aus reinem Interesse. Entdeckung neuer Moosarten im Rahmen der Biodiversitätsforschung, Wildnisentwicklung oder geomorphologische Fragestellungen zu verschiedenen Standorten sind nur ein kleiner Ausschnitt aus dem breiten Spektrum wissenschaftlicher Aktivitäten, die hier stattfinden. Das Ziel neuen Erkenntnisgewinns aus dem Naturraum ist unter dem Damoklesschwert des Klimawandels wertvoller denn je.

Nationalpark Gesäuse (121 qkm)

Räumliche Entwicklung

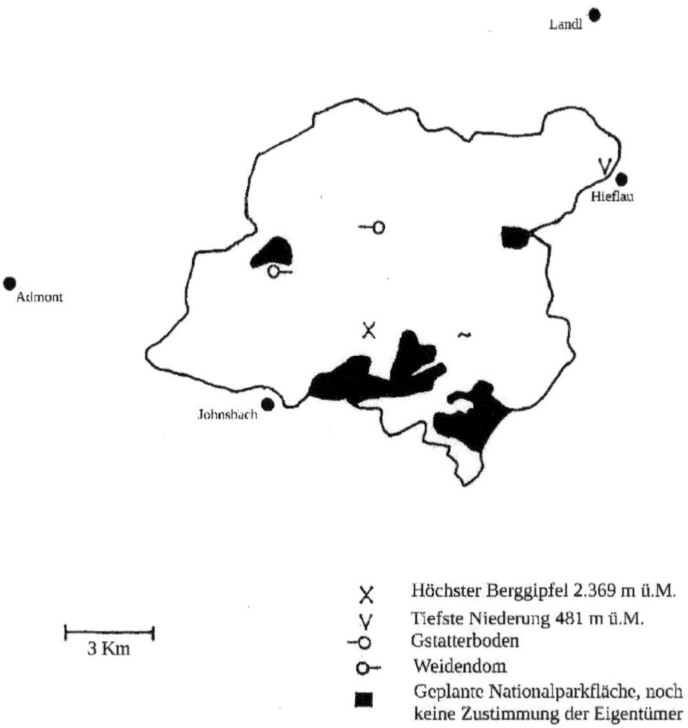

Nationalpark Bayerischer Wald

Entwicklung

Der Bayerische Wald hat im Gegensatz zu den Alpen eine deutlich ältere Geschichte. Er entstand, wie alle deutschen Mittelgebirge, in der Phase der variszischen Orogenese durch Hebung infolge von Plattentektonik bereits vor 300 bis 400 Millionen Jahren zwischen dem frühen Devon und späten Karbon der Erdaltzeit. Anfangs noch durch steilen, rauen Fels gekennzeichnet wurde des Gebirge im Verlauf von mehreren Millionen Jahren durch Hitze, Frost und Niederschlagswasser abgetragen und erhielt so nach und nach seine gegenwärtige Struktur mit sanft gewellten Hochflächen. Metamorpher Gneis sowie magmatischer Granit bilden die primären Gesteinsarten des Bayerischen Waldes. Deren Ausgangsgesteine sind mehr als 500 Millionen Jahre alt.

Die Historie des Nationalparks selbst ist hingegen ungleich jünger. Mitte der 1960er Jahre wird dessen Errichtungsidee von Naturschützern ins Leben gerufen und den politisch Verantwortlichen des Freistaates Bayern nahegebracht. Nach rund dreijährigen Überlegungen und öffentlichen Diskussionen beschließt der Landtag im Sommer 1969 per Dekret die Gründung eines Nationalparks im Gebiet der Berge „Großer Rachel" und „Lusen" direkt bis zur Grenze Tschechiens. Im Oktober 1970 findet schließlich seine offizielle Eröffnung statt, zwei Jahre später folgt die Anerkennung als Nationalpark durch die IUCN. Interessant dabei ist die Tatsache, dass das Bayerische Naturschutzgesetz erst zwei Jahre später, im August 1972, in Kraft trat und darin zum ersten Mal in Deutschland der Begriff „Nationalpark" definiert wird. Eine große Gebietserweiterung um knapp 110 qkm erfuhr der Park im Sommer 1997 nördlich des Großen Rachel. Zwischen Herbst 2020 und Frühjahr 2022 vergrößerte sich seine Gesamtfläche abermals durch zwei Erweiterungen am südöstlichen Zipfel nahe der Gemeinde Finsterau um 13 qkm.

Struktur

Tief im Böhmerwald, genauer in dessen südwestlicher Abdachung „Hinterer Bayerischer Wald“, liegt, an der Grenze zu Tschechien nahe der Moldauquelle, des Areal des Nationalparks Bayerischer Wald. In das nördliche „Falkenstein-Rachel-Gebiet“ und das südliche „Rachel-Lusen-Gebiet“ unterteilt umfasst er auf 249 qkm zu 98 % Waldgebiete, ansonsten noch Hochmoore und Lichtungen (Hochweiden ehemaliger Weidewirtschaft). Die Reliefhöhe variiert zwischen 600 m ü.M. an der Mündung des Kolbersbachs im Nordwesten nahe des Nationalparkzentrums Falkenstein nördlich von Zwiesel und 1.453 m ü.M. auf dem Großen Rachel im Zentrum des Parks. Bei Neuschönau befindet sich das weitere Nationalparkzentrum Lusen mit einem Tier-Freigelände.

Seit 2019 noch in vier Zonen eingeteilt, fand im Dezember 2022 eine Reduzierung auf nunmehr drei Zonen statt, da die ehemaligen Entwicklungszonen nun in die Naturzone (keinerlei menschliche Eingriffe) integriert werden konnte. Deren Anteil beträgt nun gut 75 %. Die Managementzone in den Randbereichen umfasst 23 % der Fläche. Sie dient gewissermaßen als Pufferzone gegenüber den umliegenden privaten Waldarealen, um sie mit geeigneten Maßnahmen vor „Übergriffen“ aus der anthropogen unbeeinflussten Waldentwicklung der Naturzone (insbesondere Borkenkäfer) zu schützen. Das ist in diesem 0,5 bis 1 Kilometer breiten Streifen auf unbestimmte Zeit vorgesehen. Die Erholungszonen nehmen die restlichen 2 % ein. Sie sollen die Attraktivität der Besuchereinrichtungen wie Informationszentren, Spielplätze und dergleichen sicherstellen.

Zusammen mit dem angrenzenden, 680 qkm großen und im Jahr 1991 gegründeten tschechischen Nationalpark Sumava repräsentiert er das größte zusammenhängende Waldschutzgebiet Mitteleuropas. Der bayerische Anteil besteht aus drei natürlichen Waldgesellschaften: Aufichtenwälder in den feuchten, kältestauenden Talsohlen (Kaltluftseen), in den wärmeren Hanglagen Fichten-Tannen-Buchenmischwald und Bergfichtenwälder in den höheren Lagen ab 1.200 m ü.M. Zwei weitere Lebensräume stellen die Hochmoore mit Bergkiefern, Moorbärlapp und Sonnentau sowie Hochweiden (Schachten) mit vereinzelt stehenden, schattenspendenden Bäumen als historische Kulturlandschaften dar. Die Wandergebiete Hoch- und Kohlschachten sowie der Latschensee (abflussloser Hochmoorsee) befinden sich 5 km nördlich des Großen Rachel nur wenige hundert Meter von der Grenze zu Tschechien entfernt. Ein weiteres Gewässer ist der Rachelsee am südöstlichen Fuß dieses Berges. Es handelt sich um einen über 10 Meter tiefen glazialen Karsee mit einer Fläche von knapp sechs Hektar, ein wunderbar erfrischender Anblick inmitten des mitteleuropäischen Urwalds.

Dort gibt es zwar keine Lanzenottern oder Jaguare aber doch immerhin die Kreuzotter sowie den lange verschwundenen Luchs und Wolf als große Beutegreifer. Wildkatze, Fischotter und Biber sind hier ebenfalls anzutreffen: in freier Natur eher schwierig dafür aber recht sicher im Tier-Freigelände des Zentrums Lusen. Wahrscheinlicher ist die Begegnung mit Rothirsch, Wildschwein oder auch dem Schwarzstorch in freier Wildbahn. Und nicht zu vergessen der Borkenkäfer, an dem sich die Geister scheiden: Nachdem 1983 zwei gewaltige Stürme durch Windbruch ihr Unwesen im Parkgebiet trieben, entschloss man sich, nicht mehr in die natürliche Waldentwicklung einzugreifen; so, wie es sich für einen richtigen Nationalpark auch gehört. Als

Folge blieb das Totholz liegen, ein Paradies für den vermeintlich schädlichen Borkenkäfer, der sich unter diesen Bedingungen rasant vermehrte und große Teile der Fichtenwälder vernichtete. Schlecht? Falsch! Der Pseudo-Schädling hat einfach nur einen ehemals monostrukturierten Wirtschaftswald in einen gesunden, verjüngten Mischwald überführt. Damit war der Befall auf ganz natürlichem Wege ausgeräumt. Weil der Mensch aber eben Mensch ist und er trotz dieser Erkenntnis seine schnell wachsenden Fichten - Wirtschaftswälder zum angrenzenden Nationalpark weiterhin in Gefahr sieht, wurde zu deren Schutz die Randzone als Puffer mit entsprechenden, vorsorglichen Managementmaßnahmen eingerichtet. Trotzdem sollte der Borkenkäfer seinen Ruf als unnützer Schädling verloren haben, denn kein Lebewesen ist in Wahrheit unnütz.

Nationalparkziele

Selbstverständlich steht auch hier der Erhalt und Schutz der Naturlandschaft ohne anthropogene Beeinflussung als grundlegende Zielsetzung nach dem Motto „Natur Natur sein lassen“ an absolut erster Stelle. Das gilt insbesondere auch für besonders gefährdete Tier- und Pflanzenarten. Bereits ausgestorbene Spezies werden nach Möglichkeit wieder angesiedelt. Weiterhin sollen vorhandene Biotope (Fließgewässer, Moore, Schachte) geschützt und Kulturdenkmäler bewahrt werden.

Programme zur Fortbildung von Lehrkräften beinhalten verschiedene Themen wie „Biologische Vielfalt im Nationalpark“, „Wert der Natur“ oder „Nationalpark als Lernort“. Zahlreiche Angebote für Schulklassen entsprechend der Jahrgangsstufe vermitteln Inhalte zu den einzelnen Lebensräumen innerhalb des Parks. Umweltbildungsprogramme zu den beiden erstgenannten Themen zuzüglich „Natürliche Dynamik“ werden als Schwerpunkte für Kindergärten, Schulen, Erwachsene, Familien bis hin zu Touristen und Vereinen praktisch für jede Zielgruppe bereitgestellt. In Kombination mit der Erholungsfunktion das Nationalparks ist hier ein idealer Ort für die Sensibilisierung von Körper und Geist geschaffen worden.

Auf dem Gebiet der Forschung hat sich der Nationalpark Bayerischer Wald folgende vier Ziele gesetzt:

- Erkundung des Aufbaus und der Entwicklung natürlicher Lebensgemeinschaften
- Erkenntnisgewinn für die forstwirtschaftliche Praxis
- Vertiefung des Wissens über Naturschutz, anthropogene Einwirkungen sowie Umweltveränderungen im internationalen Kontext

- Unterstützung der Nationalparkverwaltung hinsichtlich ihrer Managementaufgaben

Hieraus ergeben sich wiederum vier Forschungsfelder:

- Geographische Analyse des Arteninventars
- Auswertung der Populationsdynamik ausgewählter Spezies (wie dem Luchs)
- Untersuchung und Quantifizierung komplexer Stoffkreisläufe in den Lebensräumen
- Sozioökonomische Forschung (Wahrnehmung und Akzeptanz des Nationalparks durch Einheimische und Touristen)

Nationalpark Bayerischer Wald (249 qkm)

Räumliche Verteilung

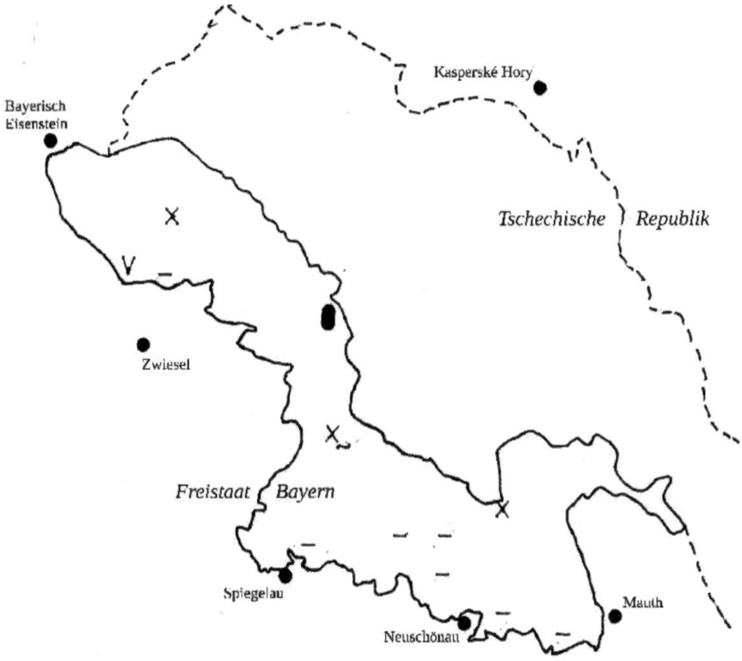

X	Berggipfel 1.315 – 1.453 m ü.M.
~	Rachelsee
V	Tiefste Niederung 600 m ü.M.
▮	Hochmoor mit Latschensee und Schachten
–	Enklaven privater Nutzflächen mit Managementzone
- - - -	Angrenzender Nationalpark Sumava

5 Km

Nationalpark Berchtesgaden

Kältepol am Funtensee

Entwicklung

Alpenpflanzen waren schon zu Beginn des 20. Jahrhunderts begehrte Handelsobjekte die zwecks Verkaufs mit etwas Geschick und körperlichem Einsatz quasi umsonst beschafft werden konnten. Um diesem wilden biotischen „Raubbau“ Einhalt zu gebieten, wurde bereits 1910 im südlichen Bereich des Königssees ein „Pflanzenschonbezirk Berchtesgadener Alpen“ mit der für damalige Verhältnisse beachtlichen Größe von knapp 90 qkm ins Leben gerufen. Beachtlich auch deshalb, weil in der damaligen Zeit rein technokratischen Denkens hier schon vor weit über 100 Jahren an die Bewahrung von Lebensräumen nicht nur gedacht, sondern auch gehandelt wurde. Damit war ein Anfang gemacht, den der „Bund Naturschutz in Bayern e.V.“ aufgriff und in der Folge das „Naturschutzgebiet Königssee“ mit einer Fläche von insgesamt 204 qkm entstand. Erste Ideen zur Schaffung eines Nationalparks hatte im Jahr 1953 der „Deutsche Naturschutzring“ als entsetzte Reaktion auf die beabsichtigte Erschließung des zweithöchsten deutschen Berges Watzmann per Seilbahn. Aber erst 20 Jahre später beschloss der Bayerische Landtag, ein solches Schutzgebiet zu planen. Im Sommer 1978 wurde der „Nationalpark Berchtesgaden“ dann tatsächlich Realität. Seit 1991 ist er ein Bestandteil des von der UNESCO anerkannten Biosphärenreservats.

Im neuen Managementplan (Bestandsplan, Masterplan und Umsetzungsplan), gültig von 2023 bis 2033, ist das entscheidende Anerkennungskriterium des Mindestanteils der Naturzone von 75 % an der Gesamtfläche des Nationalparks erst Anfang 2023 deklariert worden (vgl. Berchtesgadener Anzeiger vom 03.04.2023). Die IUCN - Anerkennung als Schutzgebiet der Kategorie II steht nach Beantragung allerdings noch aus. Ein Nationalpark, der nach deutschem Recht zwar als solcher ausgewiesen, seit den letzten fast 50 Jahren aber nach internationalen Kriterien eigentlich (noch) gar keiner ist.

Struktur

Der erste deutsche Alpennationalpark liegt in den Berchtesgadener Alpen, einem Teil der nördlichen Kalkalpen. Er grenzt im südöstlichsten Zipfel Bayerns an das österreichische Bundesland Salzburg, etwa 100 km südlich von dessen gleichnamiger Hauptstadt entfernt.
Aus Ablagerungen von Schalenweichtieren wie Muscheln und Schnecken in seichten Randbereichen des Ur-Ozeans Tethis entstanden die heute dominanten Gesteinsschichten. Dabei handelt es sich um das Kalkgestein Dolomit in den unteren sowie dem Dachsteinkalk in den oberen Lagen bis hinauf in die Gipfelregionen. Dies geschah, wie auch in den östlichen Kalkalpen Österreichs, durch Auffaltung und anschließende Hebung dieser abgelagerten Substrate infolge tektonischer Vorgänge in der frühen Kreidezeit vor 140 Millionen Jahren. Zeugnis dieser Vorgänge sind auch heute noch im Dachsteinkalk zu findende Megalodonten, handtellergroßen Muschelfossilien mit dem Erscheinungsbild von Kuhtritten.

Der Nationalpark steht vollständig im Staatseigentum des Freistaates Bayern. Die tiefste Stelle liegt mit 603 m ü.M am Königssee, höchster Punkt ist der 2.713 Meter hohe Watzmann. Zahlreiche Höhlensysteme, glaziale Trogtäler und steile Felswände durchziehen die typische alpine Karstlandschaft. Vertikal ist das Waldgelände in den montanen Berglaubmischwald und die subalpinen Fichten – Zirbenwälder (Waldanteil insgesamt etwa 40 %) gegliedert. Weiter bergwärts folgen Latschen, Weidengebüsche und alpine Matten. Den Abschluss bilden die hochalpinen Schutt-, Fels- und Gipfelregionen mit rund 20 % Flächenanteil. Moore, Seen, kleinere Auwälder sowie Almweiden ergänzen punktuell das Landschaftsbild. Almweiden nehmen rund 4 % der Nationalparkfläche ein. Östlich des Königssees bestehen sie aus Borstgrasflächen, einem unter anthropogenen Einflüssen entstandenen Magerrasen.

Eingeteilt in eine Kern- und Pflegezone im Verhältnis von 75 zu 25 % laufen in der Kernzone natürliche Entwicklungen der belebten und unbelebten Umwelt in ungestörter Dynamik ab. Vom Menschen weitgehend unbeeinflusst soll sich hier das Erscheinungsbild der Landschaft frei gestalten. Alte und wertvolle Kulturlandschaften, welche auch noch heute genutzt werden, umfasst hingegen die Pflegezone. Dies betrifft almwirtschaftliche Nutzung, Fischerei am Königssee, aber auch Tourismus in Verbindung mit der Erholungsfunktion für den Menschen. Darüber hinaus finden hier Waldpflege sowie Maßnahmen zur Vermeidung des Borkenkäferbefalls auf das angrenzende Umland statt.

Der 5 qkm große und bis fast 200 Meter tiefe Königssee liegt im tiefsten Punkt, einem tektonischen Grabenbruch, des Nationalparks. Es ist ein Gletschersee in Nord-Süd-Ausdehnung, 7 km lang und nur rund einen km breit, dessen größter Teil im Nationalparkgebiet liegt und touristisch stark frequentiert wird. Nur 3 km weiter südöstlich befindet sich der 3 Hektar kleine Funtensee in einer Senke auf dem Karstplateau des „Steinernen Meeres“. Eng eingeschlossen von Bergen ist es das Kälteloch Deutschlands mit in den Wintermonaten gemessenen Temperaturen von bis zu minus 45 Grad Celsius unmittelbar am Seeufer.

Wer den Klimawandel hautnah erleben möchte, begibt sich zum Blaueisgletscher, dem nördlichsten Gletscher der Alpen etwa 1,5 km nördlich vom Hochkalter entfernt. Er liegt mit 2.150 m ü.M. auf relativ geringer Höhe. Anfang des 19.Jahrhunderts noch 25 Hektar groß, schmolz er bis in die 1950er Jahre auf 13 und gegenwärtig, mittlerweile in zwei Hälften geteilt, auf kaum noch 5 Hektar. Ein Rückgang um 80 % seiner ursprünglichen Größe seit der Industriellen Revolution. Es lohnt sich also, ihn zu besuchen ... denn bald ist er, wie andere Alpengletscher auch, nicht mehr gegenwärtig.

Rothirsch, Gams, Steinbock, Reh, Alpenmurmeltier, Birk- und Auerhuhn, Steinadler und wieder angesiedelte Bartgeier sind die charakteristischen Tierarten im Nationalpark Berchtesgaden. Sie finden Ergänzung durch die weniger leicht anzutreffenden Spezies Marder, Hermelin, Fischotter, Dachs sowie marginal auch Luchs und Wolf. Zu Anwesenheit der mehr als ein Dutzend Amphibien- und Reptilienarten zählen auch die Kreuzotter, Ringelnatter, Gelbbauchunke oder der Alpensalamander.

Nationalparkziele

Zum obersten und wichtigsten Ziel hat sich der Nationalpark Berchtesgaden den Schutz aller Ökosysteme gesetzt, dem alle anderen Ziele untergeordnet sind. Dies umfasst sämtliche Tier- und Pflanzenarten unter Einschluss aller natürlichen und naturnahen Lebensgemeinschaften ohne menschliche Eingriffe in der Naturzone. Auch natürliche Prozesse wie Ablagerungen, Erosionen oder Windbruch sollen anthropogen unbeeinflusst ablaufen. Wirtschaftliche Aktivitäten in den Kulturlandschaften der Pflegezone sollen nachhaltig stattfinden und in diesem Sinne gefördert werden. Das betrifft in gleichem Maße Instandhaltungsmaßnahmen der Infrastruktur für Freizeit und Erholung.

Das Nationalparkzentrum „Haus der Berge“ in Berchtesgaden dient als Informations-, Ausstellungs- und Bildungszentrum. Bei einem Rundgang kann man sich hier auf einem Panoramaweg mit den vier Lebensraumschwerpunkten des Parks “Wasser“, „Wald“, „Alm“ und „Fels“ vertraut machen. Sie sind auch Themen für Schulklassen und Kindergruppen. Umweltbildung im Zeichen ökologischer Zusammenhänge in Verbindung mit hoher Biodiversität wird als wichtiges Nationalparkziel angesehen. Entsprechende Programme für Kinder, Jugendliche und Erwachsene werden jederzeit angeboten.

Monitoring und Erforschung anthropogen unangetasteter Ökosysteme ist das elementare wissenschaftliche Ziel des Nationalparks Berchtesgaden. Dies geschieht unter globaler Vernetzung zum Zweck des gegenseitigen Wissenstransfers. Forschungsprojekte beschäftigen sich unter anderem mit der Entwicklung ehemals vom Menschen genutzter Wälder (Walddynamik) oder mit zielgerichteten Untersuchungen zu Veränderungsvorhersagen von Lebensräumen, um daraus Schlüsse zu nachhaltigeren Bewirtschaftungsweisen in der Pflegezone ziehen zu können.

Nationalpark Berchtesgaden (208 qkm)

Räumliche Verteilung

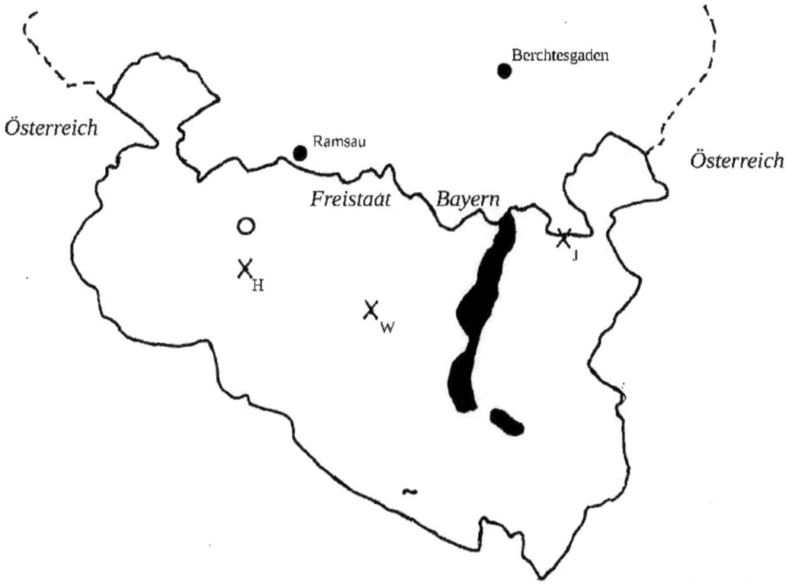

4 Km

- X Berggipfel Hochkalter (2.606 m ü.M.), Watzmann (2.713 m ü.M.), Jenner (1.874 m ü.M.)
- ~ Funtensee (1.601 m ü.M.)
- ■ Königssee (603 m ü.M.), Obersee (613 m ü.M.)
- ○ Blaueisgletscher (2.150 m ü.M.)

Nationalparks Wattenmeer (Schleswig-Holstein, Niedersachsen, Hamburg)

Übergangszone mariner und terrestrischer Lebensräume

Entwicklung

Ein im Vergleich zur Entstehungsgeschichte der Hoch- und vor allem Mittelgebirge ist das Wattenmeer der südlichen Nordseeküste geologisch gesehen ein noch sehr junger Naturraum. Es entstand vor 7.000 – 8.000 Jahren als Folge des Abschmelzens der Gletscher des Weichsel-Spätglazials, die sich damals nur noch im heutigen Bereich der Nordsee vorfanden (Ende Eiszeit vor 12.000 Jahren). Das abfließende Gletscherwasser ebnete zunächst die Sand- Kies und Geröllflächen ein. Der Anstieg des Meeresspiegels als weitere Voraussetzung der Wattbildung resultiert aus der Tatsache, dass das enorme Gewicht der Gletscher die Landmasse Skandinaviens nach unten drückte, wodurch sich das heutige Wattgebiet wie bei als Ausgleichsbewegung hob. Dieser Vorgang kehrte sich nach der Gletscherschmelze wieder um. Skandinavien stieg mehrere hundert Meter empor (isostatische Bodenhebung), die späteren süd- und südöstlichen Nordseeküsten sackten ab, wodurch dort dann wiederum Meereswasser einfloss und Sedimentation einsetzte. Infolge von zusätzlichen Sedimentablagerungen aus Flüssen wie Weser und Elbe formte sich schließlich über Jahrtausende die flache Küste über mehrere Kilometer Breite. Der Bereich, der innerhalb von 24 Stunden zwei mal periodisch überflutet wird (Wechsel von Ebbe und Flut im 6-Stunden Takt der Gezeiten) ist das Watt. Motor dieser Vorgänge ist die Gravitationskraft des Mondes, bedingt auch die der Sonne.

Die drei Bundesländer Schleswig-Holstein (1985), Niedersachsen (1986) und Hamburg (1990) gründeten jeweils getrennte Nationalparks Wattenmeer in zeitlich relativ enger Abfolge. Sie wurden zwischen 2009 und 2011 als Teile des UNESCO-Weltnaturerbes Wattenmeer aufgenommen.

In Schleswig-Holstein gab es bereits seit 1923 erste Ansätze zum Naturschutz im Wattenmeer mit zwei Naturschutzgebieten auf der Insel Sylt. Die Idee zu einem Nationalpark nach dem Vorbild Bayerischer Wald entwickelte sich konkret 1972, wurde jedoch aus politischen Gründen verworfen. Zwei Jahre später entstand dann zunächst das Naturschutzgebiet „Nordfriesisches Wattenmeer". Gegen alle Widerstände konnte schließlich im Sommer 1985 das Nationalparkgesetz durch den Landtag beschlossen und verabschiedet werden. Die Ausweitung des Schutzzwecks im Rahmen des zweiten Nationalparkgesetz Ende 1999 schränkte einige bisherige Nutzungen weiter ein.

In Niedersachsen waren die gegenwärtigen Nationalparkflächen seit Anfang der 1970er Jahre als Feuchtgebiete deklariert. Der Raumordnungsplan von 1982 wies einen Naturpark „Ostfriesische Inseln und Küste" aus, bevor man sich mit dem Gedanken trug, einen „Nationalpark Oldenburgisches Wattenmeer" zu schaffen. Weitere verschiedene Planungsvarianten folgten, bis schließlich der „Nationalpark Niedersächsisches Wattenmeer" Ende 1985 per Ministererlass mit Wirkung zum Jahresbeginn 1986 wirksam wurde. Erst spät, im Sommer 1999, löste das niedersächsische Nationalparkgesetz sämtliche bestehenden Verordnungen ab.

Der Stadtstaat Hamburg verdankt seinen Nationalpark Wattenmeer zum einen der vorgelagerten Insel Neuwerk östlich der

Elbmündung, da hier gewissermaßen als „Initialzündung" bereits ab 1911 ein Naturschutzgebiet in Form einer kleinen Vogelfreistätte entstand. Zum anderen spielte wohl auch ein Sogwirkungseffekt durch die westlich und östlich von Hamburg bereits existierenden Nationalparks eine Rolle. Gegründet im Frühjahr 1990 und elf Jahre später noch um 20 qkm erweitert fand somit ein „Lückenschluss" zwischen diesen beiden hamburgischen Nachbarn statt.

Struktur

Die drei Nationalparkflächen erstrecken sich im Westen vom Dollart und der Emsmündung an der niederländischen Grenze über die ostfriesischen Inseln entlang der südlichen Nordseeküste, den Jadebusen, die Weser- und Elbmündung, dann nach Norden abdriftend entlang der östlichen Nordseeküste um die nordfriesischen Inseln bis zur dänischen Grenze. Das entspricht einer Längenausdehnung von rund 280 km bei maximalen Breiten von 40 bis 50 km im äußersten Westen und Norden. Außer dem Watt gibt es weitere Lebensräume wie Sandbänke, Inseln, Meeresgebiete, Salzwiesen, Dünen oder Strände.

Der Nationalpark **„Schleswig-Holsteinisches Wattenmeer"** ist 4.440 qkm groß und besteht zu 68 % aus Wasser, 30 % Watt und 2% Land. Er ist in zwei Zonen eingeteilt: Zone 1 nimmt als Kernbereich 35 % der Gesamtfläche ein und darf nicht betreten werden; hier soll sich Natur ungestört entfalten. Ausnahmen bestehen lediglich in Küstennähe bei geführten Wattwanderungen. Zwischen den Geestinseln Sylt, Föhr und Amrum liegt ein völlig nutzungsfreies, 125 qkm großes Gebiet ohne jegliche Ausnahmen. In Zone 2 ist nachhaltige Nutzung wie Krabbenfischerei, Segeln oder Baden erlaubt. Außerdem befindet sich im Westen des nördlichen Nationalparkteils ein ausgedehntes Walschutzgebiet für Schweinswale, deren Bestand in der Nordsee gefährdet ist. Die Nordfriesischen Inseln und die fünf größeren bewohnten Halligen (Marschinseln) als ehemalige Bestandteile der westlichen Festlandsküste Schleswig-Holsteins zählen nicht zum Nationalpark.

Die gesamte Fläche des **„Nationalparks Niedersächsisches Wattenmeer"** beträgt 3.450 qkm. Sie verteilt sich zu 55 % auf

Wasser, 40 % Watt sowie zu 5 % auf Festland und Inseln. Mit 70 % Flächenanteil umfasst Zone 1 als Ruhezone den größten Bereich, der nur auf zugelassenen Wegen gangbar ist. Mit Ausnahme der Salzwiesen während der Brutzeit darf die Zwischenzone (Zone 2) ansonsten auch abseits der Wege begangen werden. In Zone 3 (Erholungszone) können gekennzeichnete Strandabschnitte unter Ausschluss motorisierter Fahrzeuge genutzt werden. Im Gegensatz zu den nordfriesischen sind die aus Sandbänken entstandenen ostfriesischen Inseln von Borkum über Norderney bis Wangerooge integraler Bestandteil des Nationalparks.

Im wesentlich kleineren **„Nationalpark Hamburgisches Wattenmeer“** nimmt das Watt (abgeleitet vom Verb „waten“) allerdings mit knapp 70 % den größten Anteil an der Gesamtfläche von lediglich 138 qkm ein. Ein gutes Viertel entfällt auf reine Wasserflächen, knapp 4 % auf Inseln. Im Gegensatz zu seinen „großen Brüdern“ unterscheidet er sich jedoch durch seinen hohen „Wildnisanteil“ der Zone 1 mit über 91%, welche nur mit Führung oder Ausnahmegenehmigung betreten werden darf. Natur genießt hier absoluten, unbeeinflussten Vorrang. Zur Zone 1 gehören auch die kleinen Inseln Nigehörn und Scharhörn 5 km nordwestlich von Neuwerk in der Helgoländer Bucht. Naturverträglich-nachhaltige Bewirtschaftung ist in Zone 2, zu der auch die Insel Neuwerk zählt, erlaubt.

Eine beeindruckende Vielfalt an Tier- und Pflanzenarten tummelt sich im Wattenmeer. Unter Einschluss von Dünen und Salzwiesen beläuft sich ihre Anzahl auf über 10.000.
Seehunde und Kegelrobben benutzen Sandbänke als Liegeplätze sowie zur Aufzucht ihrer Jungen. Weitere Meeressäuger sind die seltener vorkommenden Schweinswale. Allein 100

Fischarten, darunter Scholle, Aal, Meeräsche, Knurrhahn, Meerneunauge, Hering oder Seezunge. Bis zu 12 Millionen Zugvögel rasten im Frühjahr und Herbst auf ihren Routen im nahrungsreichen Wattenmeer, während im Sommer mehr als 30 Brutvogelarten auf Salzwiesen, Dünen oder an Stränden ihren Nachwuchs umsorgen. Hierzu zählen der Austernfischer oder die in großen Kolonien brütenden Seeschwalben und Möwen. 2.000 Arten wirbelloser Tiere besiedeln die Salzwiesen (u. a. Insekten, Spinnen), 350 Arten im Wattboden, darunter Schlickkrebse, Miesmuscheln, Schnecken und Würmer. Manche Spezies sind mit annähernd 100.000 Individuen pro Quadratmeter Wattboden vertreten.

Sämtliche Pflanzen des Wattenmeeres sind von extremen Standortfaktoren abhängig und müssen sich Überflutung, Übersandung, Strömungen, Wellengang und insbesondere dem Salz anpassen. Das Watt selbst überstehen nur Algen, Seegras, Meeresspargel und Schlickgras. Auf den Zonen der Salzwiesen gedeihen salzresistente Keilmelden, Strandaster sowie Strandflieder. Auf den weiter vom Strand entfernten Salzwiesenarealen der Rotschwingelzone wachsen Kräuter, Boddenbinse, Rotschwingel, Strandwegerich und noch mehrere Dutzend weitere Pflanzenarten. Auch die Dünen bilden einen Lebensraum, der sich bis zu einer Dünenheide entwickeln kann. Strandhafer, Sandsegge und Silbergras sind hier vertreten. Priele als Zu- und Abflussrinnen für den Gezeitenstrom, welche bis in die Salzwiesen reichen, durchziehen das Watt wie Lebensadern. Hier finden sich Garnelen und diverse Fischarten wie Sandgrundel, Scholle oder Meeräsche.

Nationalparkziele

Laut Nationalparkgesetz Schleswig-Holstein soll der Nationalpark „als Lebensstätte der dort natürlich vorkommenden Tier- und Pflanzenarten dienen, um diese Arten und die in den Lebensstätten bestehenden Lebensbeziehungen zu erhalten“. Allerdings sollen die Nutzungsinteressen der Bewohner nicht beeinträchtigt werden, eine tiefgreifende Einschränkung für einen Nationalpark. Fast deckungsgleich fällt der Wortlaut im Nationalparkgesetz Niedersachsens aus. Hier kann aber selbst in den streng geschützten Bereichen nahezu ohne Einschränkung gefischt werden. Nach dem Hamburgischen Nationalparkgesetz ist das Wattenmeer „in seiner Ganzheit und seiner natürlichen Dynamik um seiner selbst willen und als Lebensstätte der auf diesem einmaligen Lebensraum Watt angewiesenen Arten und der zwischen diesen Arten bestehenden Lebensgemeinschaften zu erhalten und vor Beeinträchtigungen zu schützen“. Nach § 5 (3) dieses Gesetzes ist Jagd und Fischerei im Nationalpark Hamburgisches Wattenmeer ausdrücklich verboten.

Insgesamt 43 Informationseinrichtungen in Form von Nationalparkhäusern und -stationen oder Museen können von Besuchern frequentiert werden. Allein 24 gibt es im schleswig-holsteinischen Teil, das größte davon ist das „Multimar-Wattforum“ in Tönning mit Walausstellung, Großaquarium und 24 weiteren Aquarien. Niedersachsen wartet mit 18 Informationsstellen auf. In Cuxhaven, Wilhelmshaven sowie auf Norderney befinden sich drei Nationalpark- und UNESCO-Weltnaturerbe-Zentren. Sie alle geben verschiedene Blickrichtungen auf die Lebensräume im Wattenmeer und zur Nationalparkidee. Das einzige hamburgische Nationalparkhaus liegt im Zentrum der 3 qkm kleinen Wattinsel Neuwerk. Es vermittelt Einblicke in die Entstehung des Wattenmeers, verfügt über ein Tidebecken zur Darstellung der Gezeiten und gibt Auskunft über Flora und Fauna, insbesondere zur Vogelwelt.

Als außerschulische Lernorte für Klassenfahrten bieten alle drei Nationalparks vielfältige Möglichkeiten. Ob in Tönning mit zusätzlichen Fortbildungsangeboten für Lehrer, in den zwei Schullandheimen auf Neuwerk oder in den niedersächsischen Nationalpark-Häusern können ein- oder mehrtägige Klassenfahrten mit Wattexkursionen und dem Besuch von Ausstellungen durchgeführt werden.

Forschungsergebnisse und Monitoring zu den Lebensräumen im Wattenmeer sind für die Aufgabenerfüllungen unerlässlich, zu denen die Nationalparkverwaltungen nach den jeweiligen gesetzlichen Vorschriften verpflichtet sind, um die gesteckten Schutzziele zu erreichen. So wird beispielsweise untersucht, wie sich äußere, umweltbedingte Einflüsse (Klimawandel, eingeschleppte fremde Arten) auf das Wattenmeer auswirken. Ziel dieses schleswig-holsteinischen Projekts ist die Erhaltung der natürlichen biologischen Vielfalt. Zwecks Förderung der natürlichen Strandentwicklung, einem Erholungsraum für den Menschen, aber auch ein Lebensraum mit Pflanzeninseln, in denen wiederum Kleinstlebewesen wie Insekten, Strandflohkrebse oder der Küstensandlaufkäfer leben, wurde von der Nationalparkverwaltung Niedersachsen das Projekt „Strandinseln auf Norderney ins Leben gerufen. Da das Watt infolge des Gezeitenstroms stetigen Veränderungen unterliegt, untersuchte eine Studie zur Entwicklung der Wattflächen im hamburgischen Wattenmeer die dortigen geomorphologischen Umgestaltungen zwischen 1965 und 2020. Das Verständnis dieser natürlichen

Prozesse ist eines der Kernziele der Nationalparks Wattenmeer, damit entsprechende Schutzmaßnahmen wirkungsvoll greifen.

Nationalparks Wattenmeer (8.028 qkm)

Räumliche Verteilung

30 km

SH Nationalpark Schleswig-Holsteinisches Wattenmeer (4.440 qkm, Nordfriesische Inseln keine Bestandteile)

HH Nationalpark Hamburgisches Wattenmeer mit Insel Neuwerk (138 qkm)

NI Nationalpark Niedersächsisches Wattenmeer (3.450 qkm, Ostfriesische Inseln sind Bestandteile)

Nationalpark Jasmund

Wald, Kreide und Meer

Entwicklung

Auch die markanten Kreidefelsen auf Rügen haben ihren Ursprung im seichten Schelfmeer der späten Kreidezeit vor 70 Millionen Jahren. Dieses flache Meer reichte vom heutigen Südschweden bis an den Rand der Alpen. Darin befindliche Organismen (unter anderen einzellige Kalkalgen) mit Kalkschalen und Skeletten sanken nach deren Absterben in ungeheuer großen Mengen auf den Meeresgrund, verdichteten sich durch ihr eigenes Gewicht sodass das zerdrückte Kalksubstrat in Jahrtausenden bis zu mehreren hundert Meter Mächtigkeit anwuchs. Tektonischer Erdplattenverschiebungen bewirkten wiederum die Hebung des Meeresbodens samt dieser Schichtungen aus Kalk.

Während der Eiszeiten bildeten die hervorgehobenen Kalkklumpen Hindernisse gegen die Gletscherströme, die sich dadurch teilten und große Mengen Geschiebemergels (vom Gletscherstrom zerriebenes, mit Lehm und Erde vermischtes Gestein) ablagerten. Der Druck dieses Materials auf den Untergrund bewirkte die Aufwölbung der Kreidemassen in nicht vom Eis betroffenen Bereichen. Nach dem Ende der letzten Eiszeit vor 10.000 Jahren entstand die Ostsee durch das Abschmelzen des mächtigen Eispanzers. Niederschläge, Wind und Wellen als küstendynamische Prozesse formten schließlich die Kreidefelsen durch Abtragung unaufhörlich bis hinein in die Gegenwart. Die heutigen Buchenwälder entstanden vor rund 800 Jahren ebenso wie die aus verlandeten Seen hervorgegangenen Moore.

Erste (vermeintliche) Naturschutzansätze resultieren aus einer Holzschutzordnung gegen Ende des 16. Jahrhunderts zum Zwecke wirtschaftlicher Nutzung des Rohstoffes Holz. Aber erst zu Beginn des 20. Jahrhunderts, als der Kreideabbau immer schlimmere Dimensionen annahm, wurde 1929 der nördlich von Sassnitz befindliche Küstenstreifen als „Naturschutzgebiet Jasmund" ausgewiesen, dem 1986 das „Naturschutzgebiet Quoltitz" im heutigen Westteil des Nationalparks folgte. Im Rahmen des Nationalparkprogramms der späten DDR konnte dann 1990 der Nationalpark Jasmund gegründet werden, dessen ursprüngliche theoretische Errichtungsideen bereits in den 1960er Jahren anklangen.

Struktur

Im Nordosten der Rügener Halbinsel Jasmund liegt der gleichnamige Nationalpark auf einer Fläche von 31 qkm. Mit 161 m ü.M. ist der Piekberg im Westen seines zentralen Teils die höchste Erhebung. Zone 1 als Kernzone nimmt 96 % des Parks ein; hier genießt die Natur absoluten Vorrang. Besucher dürfen hier ausschließlich markierte Wege benutzen. Zone 2 ist in eine Pflege- (ehemalige Kreidebrüche, Notwendigkeit von Mahd und Entbuschung) und Entwicklungszone früher anthropogen genutzter Wald- und Grünflächen unterteilt. Letztere sollen nach gezielten Maßnahmen in die Kernzone integriert werden. Die sechs Infrastrukturbereiche der Erholungszone (Zone 3) sind punktuell über den ganzen Nationalpark verstreut. Knapp drei Viertel der Fläche gehört dem Land Mecklenburg-Vorpommern, ein gutes Fünftel dem Bund, der Rest entfällt auf Kommunen und Privateigentümer.

Naturräumlich können drei Bereiche unterschieden werden:

Der durchschnittlich 500 Meter breite und 12 km lange in die Ostsee ragende Flachwasser-Meeresstreifen im Osten umfasst 6 qkm bis etwa 10 m Tiefe. Er ist am Meeresboden in diverse Lebensräume mit unterseeischen Kreiderücken, Muschel-und Sandbänken, Geröllfelder sowie Schlickbereiche strukturiert. Es handelt sich aufgrund des geringen Salzgehalts von weniger als 1,5 % um Brackwasser, in dem sowohl Süß- als auch Salzwasserfische (Barsch, Dorsch, Hering, Flunder, Aal, Hecht) vorkommen. Auch das größte frei lebende Raubtier Deutschlands, die Kegelrobbe, lebt hier.

Wiesen, Karstmoore und Kalktrockenrasen sind Lebensräume überwiegend im Westen des Nationalparks mit einer Fläche von 2 qkm. In den rund 140 Mooren und Sümpfen wachsen Sumpfschwertlilien, Sonnentau oder das Wollgras. Auf den basenreichen Trockenrasen ehemaliger Kreidebrüche gedeihen verschiedene Orchideenarten wie der Frauenschuh. Kreuzotter, Ringel- und Glattnatter sowie die Rotbauchunke leben in den Feuchtgebieten der Moore, Bäche und kleinen Seen.

Der dritte und weitaus größte Nationalparkteil ist der Stubnitzer Höhenrücken mit der Kliffküste und den ausgedehnten Buchenwäldern zwischen den Ortschaften Sassnitz und Lohme. Bis zum 12. Jahrhundert gab es hier über mehrere Jahrtausende vorwiegend Eichenmischwälder. Danach setzten sich infolge feucht-kühler Klimaveränderungen die Rotbuchenwälder mit geringen Anteilen anderer Baumarten durch. Fünf qkm des gesamten Buchenwaldbestands gehören zum UNESCO-Welterbe. Dam- und Rothirsche, Rehe und Wildschweine sind hier ebenso zu Hause wie der Seeadler und die Uferschwalbe an den Kreidefelsen. Der 2 Hektar große, bis zu 11 Meter tiefe Herthasee kann vom Nationalparkzentrum Königsstuhl aus in südwestlicher Richtung durch die Buchenwälder nach etwa einem Kilometer erreicht werden. Es handelt sich um eine durch Erdfall entstandene Senke, die mit glazialem Schmelzwasser gefüllt wurde. Der Bereich um den höchsten Kreidefelsen Königsstuhl (118 m) mit dem gleichnamigen Nationalparkzentrum direkt an der Steilküste im Nordosten des Nationalparks wird als „Stubbenkammer“ bezeichnet, ein aus dem slawischen stammender, abgewandelter Begriff im Sinne von „Stufe zum Fels“.

Nationalparkziele

Als oberste Ziele setzt sich der „Nationalpark Jasmund“ die weitere Entwicklung von Wildnis, die Minimierung von beeinträchtigenden Nutzungen sowie den Erhalt von kulturabhängigen Arten und Lebensräumen. Die Bewahrung der Vielfalt, Eigenart und Schönheit der in Europa einzigartigen Kreidelandschaft mit ihren besonderen morphologischen Oberflächenformen steht dabei an zentraler Stelle. Wälder sollen sich wie die Küstenlebensräume ohne Managementmaßnahmen uneingeschränkt entwickeln.

Besuchern steht das Nationalparkzentrum Königsstuhl mit Skywalk, 18 Themenräumen und einem Multivisionskino offen. Es befindet sich am nordöstlichen Rand des gleichnamigen, 118 Meter hohen Kreidefelsens, dem Wahrzeichen der Insel Rügen. Hier sind sämtliche Informationen zum Nationalparkgeschehen sowie zu Umweltbildungs- und Erholungsmöglichkeiten verfügbar. Das Kreidemuseum in Gummanz, unmittelbar am Kreidebruch im westlichen Zipfel des Parks gelegen, veranschaulicht die Arbeitsprozesse des von 1854 bis 1962 dort stattgefundenen Kreidetagebaus.

Regionale Bildungsangebote für Kitas und Schulen finden in aller Regel in kleinen Gruppen im Freien statt. Hierbei steht das visuelle, akustische, olfaktorische und fühlbare Naturerlebnis im Vordergrund. Das wichtigste Bildungsziel für alle Altersstufen ist das Wissen um die Relevanz intakter, gesunder Ökosysteme, welche das langfristige Überleben der Pflanzen und Tiere einschließlich des Alphatiers Mensch gewährleisten.

Nach dem Leitsatz „Von der Natur lernen“ richtet sich die Forschung im Nationalpark Jasmund mit den Schwerpunkten „Dynamik der Kreideküste“, „Gewässersysteme und Moore“, „Naturwald in Buchenwäldern“ sowie „Wild und Wildwirkung“. Generelles Ziel ist die Erkenntnisgewinnung, wie sich Natur und Landschaft ohne Nutzung entwickeln und ob Managementmaßnahmen -wenn überhaupt- zielführend sind. Sämtliche wissenschaftlichen Vorhaben sind dem Schutzzweck des Nationalparks unterzuordnen. Dabei werden die anzuwendenden methodischen Vorgehensweisen so angelegt, dass Störungen der natürlichen Entwicklung vermieden, zumindest jedoch minimiert werden. Forschung und Monitoring haben folgende konkreten Ziele: Unterstützung der Nationalparkverwaltung bei der Aufgabenerfüllung, Erstellung von Entscheidungsgrundlagen, Kenntnissammlung seltener und funktional wichtiger Arten, Erforschung natürlicher Lebensgemeinschaften des Ostseeraums; dies alles auch unter der Prämisse der Vernetzbarkeit und Wissenssynthese.

Nationalpark Jasmund (31 qkm)

Räumliche Verteilung

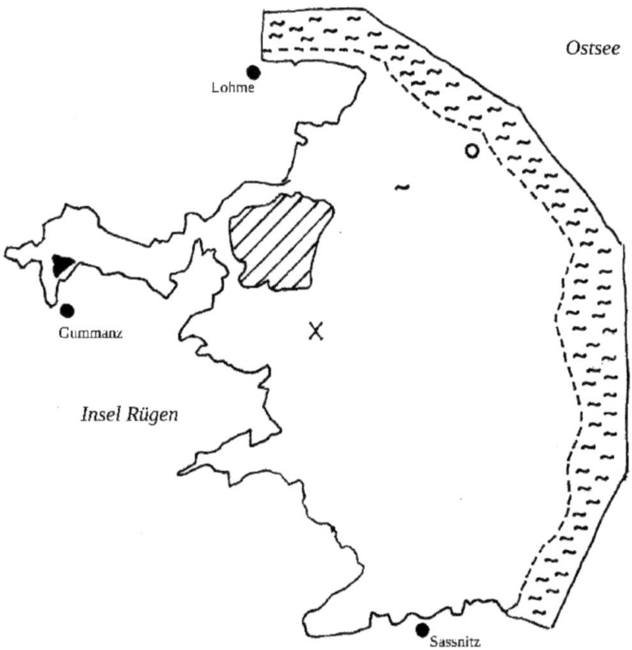

1 Km

X Höchste Erhebung Piekberg 161 m.ü.M.

Ostseestreifen (Nationalparkteil), Herthasee

O Nationalparkzentrum Königsstuhl

Kreidebruch und Kreidemuseum

Enklave Ortsteil Hagen (kein Nationalparkgebiet)

Nationalpark Vorpommersche Boddenlandschaft

„Windwatt“ ohne Gezeiten

Entwicklung

Durch die von Skandinavien vorrückenden Gletschermassen während der letzten Eiszeit wurde das Becken der heutigen Ostsee ausgeschürft. Nach Ende dieser Eiszeit schmolz das Inlandeis und füllte dieses Becken in den nachfolgenden Jahrtausenden der Litorina-Transgression mit Schmelzwasser, wodurch der Meeresspiegel nach und nach anstieg. Die höher gelegenen Geröllschichten ragten als Inseln heraus. Küstendynamische Prozesse in Form von Abtragung solcher Inselkerne durch Wind und Wellen sowie anschließende Anlandung des Abtragungsmaterials im Küstenbereich führten schließlich zum Küstenausgleich, zur Verlandung und Dünenbildung. Diese Dynamik hält fortwährend an und kennzeichnet die typische Boddenlandschaft der Ostsee. Das niederdeutsche Wort „Bodden“ bedeutet nichts anderes als „Grund“ oder „Boden“. Es handelt sich, ähnlich den Lagunen, um flache Küstengewässer, die durch (Halb-) Inseln vom Meer abgetrennt sind. Der Unterschied besteht im geringeren Salzgehalt und Seegang, da die Ostsee lediglich durch Meerengen von Nordsee und Atlantik getrennt ist und eher einem Binnenmeer gleicht. Dieser „Schutz“ durch die Meerengen zwischen Dänemark und Südschweden bewirkt auch die Tatsache, dass es, im Gegensatz zur Nordsee, an der Ostseeküste so gut wie keine Gezeitenströme gibt. Die Anziehungs- und Fliehkräfte schaffen es nicht, innerhalb von 6 Stunden so viel Wasser durch diese Engstellen zu pumpen, dass Ebbe und Flut entstehen können. Allenfalls Unterschiede des Wasserstands von maximal 10 bis 15 cm sind hier möglich.

Erste gedankliche Ansätze zur Schaffung eines „Deutschen Nationalparks Ostseeküste“ entstanden 1955 im Kulturbund Zingst. Sie wurden in einer Zeit vorrangig ökonomischen Denkens in West und Ost staatlicherseits aber leider verworfen. Immerhin konnten 1957 der Westdarß und 1967 u. a. die Inseln Kirr und Liebitz sowie die Dünenheide auf Hiddensee durch das Ministerium für Land-und Forstwirtschaft der DDR unter Naturschutz gestellt werden. Der „Ramsar-Konvention“ über Feuchtgebiete trat die DDR 1978 unter Ausweisung der Boddengewässer Zingst-Ostufer und Rügener Westküste-Hiddensee bei.

Erst unmittelbar vor der Wiedervereinigung Deutschlands nahm die Gründung eines Nationalparks in der Boddenlandschaft durch politische und private Initiativen Gestalt an. Mit der „Verordnung über die Festsetzung des „Nationalparks Vorpommersche Boddenlandschaft“ fasste der Ministerrat der DDR am 12.09.1990 den rechtskräftigen Beschluss, der am 01.10.1990 in Kraft trat.

Struktur

Der mit 786 qkm drittgrößte deutsche Nationalpark reicht mit einer maximalen Länge von rund 60 km in West-Ost-Richtung von der Halbinsel Darß an der südwestlichen Ostseeküste bis zur Insel Rügen. An seiner breitesten Stelle ragt er bis zu 25 km in die Ostsee hinein. Über 80 % seiner Gesamtfläche besteht aus Wasser, davon sind 54 % offenes Meer und 30 % flaches Boddengewässer. Festland und Inseln verteilen sich zu 8 % auf Wald, 5 % ist Grünland, 2 % Moor und Heide sowie 1 % Infrastruktur. Das dem Nationalpark zugehörige Festland ist im Westen auf der Halbinsel Darß und nördlich von Michaelsdorf, im zentralen Bereich nördlich des Barther Bodden sowie im Osten auf kleinen Randstreifen der Rügener Westküste lokalisiert. Ganz im Norden der Insel Hiddensee liegt der höchste Punkt des Nationalparks im als Dornbusch bezeichneten Hiddenseer Hochland mit 73 m ü.M. Es fällt zur Ostsee als bis zu 60 Meter hohes, aus lockerem Geschiebemergel bestehendes Moränensteilufer ab.

Drei Kernzonen (Zone I) umfassen ungefähr ein Viertel der Nationalparkfläche. Hier hat die natürliche Sukzession absoluten Vorrang, es gilt ein strenges, ausgewiesenes Wegegebot. In der größten Zone II (Entwicklungszone) werden Managementmaßnahmen mit dem Ziel forcierter Wildnisentwicklung durchgeführt. Schließlich gibt es noch verschiedene kleinere Pflegezonen (u. a. Heiden, Salzgraswiesen) in denen Beweidung zwecks Erhaltung der dort charakteristischen Flora und Fauna stattfindet.

Der Lebensraum Bodden ist im Nationalpark in zwei Bereiche geteilt. Im Westen wird die Darß-Zingster-Boddenkette durch die gleichnamige Halbinsel von der offenen Ostsee getrennt. Im

Osten verlaufen die sandigen, sauerstoffreicheren Westrügenschen Bodden zwischen den Inseln Rügen und Hiddensee in Nord-Süd-Richtung. In diesen durchschnittlich zwei bis vier Meter tiefen Lagunen mit noch geringerem Salzgehalt als im ohnehin schon salzarmen Brackwassermeer Ostsee sind Süßwasserfische wie Zander, Brasse, Hering oder Flunder als Meeresfische heimisch. An den mit Schilf bewachsenen Ufern leben unter vielen anderen Vogelarten auch Watvögel, Schwäne und Gänse. Insbesondere für Grau-, Bläss- und Saatgänse bieten die Wasserflächen der Bodden zwischen Juli und September Ruheplätze für etwa 100.000 Individuen. Algen und Meersalde sind typische Vegetationsvertreter in solchen Brackgewässern. Zur Sauerstoffversorgung in schlickhaltigeren Bereichen tragen Cyanobakterien bei.

Das durch den Wechsel der Windstärke und Windrichtrichtung entstehende Windwatt in den flachsten Küstenzonen ist ein spezieller Lebensraum der Boddenlandschaft. Er kann mehrere Wochen trocken fallen, indem der Wind das Wasser aus den Bodden in die freie Ostsee drückt, um dann bei Windrichtungsänderung wieder einige Tage überflutet zu werden. Temperaturextremen mit heißen Phasen bei starker Sonneneinstrahlung folgt starke Auskühlung in den Nächten. Insofern gibt es, wie im größten Windwatt nördlich der Insel Bock, nur wenige wirbellose Weichtiere, allerdings mit zahlreichen Individuen. Diese halten wiederum ein reichhaltiges Nährstoffangebot für die Watvögel wie den Säbelschnäbler bereit.

In den ausgedehntesten Wäldern des Nationalparks auf der Halbinsel Darß-Zingst sind außer den auf ursprünglichen Dünen gewachsenen Kieferbeständen nachfolgend Eberesche, Eiche und Rotbuche zu finden. Moose und Flechten gedeihen üppig durch das luftfeuchte Klima. Greifvögel wie der Seeadler bauen in den Kronen der Altbäume ihre Horste. Der hier häufig vorkommende Schwarzspecht errichtet dort vorwiegend seine Bruthöhlen. Wildschweine, Rothirsche und Rehe haben in diesen Wäldern ebenfalls ihr Revier. Im Osterwald östlich von Zingst befindet sich in Zone II ein 950 Jahre altes Regenmoor auf einer Fläche von 350 Hektar. Infolge von Entwässerungsmaßnahmen fiel es immer trockener, sodass Renaturierungsmaßnahmen eingeleitet werden mussten.

Weitere Lebensräume befinden sich im Bereich von Küstenheiden (Darßer Ort, Süden der Insel Hiddensee), Salzwiesen (Inseln Kirr und Barther Oie), Steilufern, Dünen und natürlich der offenen Ostsee.

Nationalparkziele

Laut Nationalparkplan dient die Errichtung des Nationalparks „dem Schutz der vorpommerschen Boddenlandschaft, der Bewahrung ihrer besonderen Eigenart, Schönheit und Ursprünglichkeit". Ausgehend von diesen allgemeinen Zielsetzungen soll die Leistungsfähigkeit des Naturhaushalts durch anthropogen ungestörte Entwicklung der Oberflächenformen und der Lebensgemeinschaften natürlicher Neulandbildungen, der Ablauf natürlicher Prozesse in den Bodden sowie die natürliche Waldentwicklung des Darß und Zingst erhalten und gefördert werden. Weiterhin soll die Wiederherstellung der durch anthropogene Eingriffe beeinträchtigten Salzwiesen und Moorflächen unter Sicherung der vielfältigen Fauna und Flora erfolgen.

Mit dem Ziel der Umweltbildung richtet sich der Nationalpark an Besucher und Bewohner der Region. Durch Naturerlebniswanderungen, Seminare, Fachexkursionen oder Projekttage können Besucher aller Altersgruppen vertiefte Einblicke in das Geschehen dieses Naturraums gewinnen. Schulkinder auf der Halbinsel Darß-Zingst verbringen von Jahrgangsstufe 1 bis 8 jeweils einen Tag im Nationalpark mit dem Ziel, Natur in ihrem unmittelbaren Lebensumfeld schätzen zu lernen. Zwischen Vitte und Kloster auf Hiddensee befindet sich das Nationalparkhaus mit ansprechend aufbereiteten, teils spielerischen Informationsmöglichkeiten. Sechs weitere Info-Punkte mit verschiedenen Ausstellungen sind über die gesamte Nationalparkfläche vom Darß im Westen bis Rügen im Osten verteilt.

Wie im Nationalpark Jasmund werden auch hier alle wissenschaftlichen Forschungsvorhaben den gesetzten Schutzzielen untergeordnet. Wie entwickeln sich Natur und Landschaft ohne menschliche Eingriffe? Führen Managementmaßnahmen zum Ziel? Das sind die zwei der elementaren Fragen von Nationalparkverwaltung und Forschenden. Untersucht werden drei Schwerpunktthemen: Küstendynamik, Wasserflächen Ostsee und Bodden sowie Waldentwicklung. Besonders relevant ist dabei das dauerhafte, langfristige Monitoring der Umwelt, da die Entwicklung von Ökosystemen über äußerst lange Zeiträume verläuft. Derartige Untersuchungen werden vereinzelt durch das Nationalparkamt selbst, ansonsten aber im Rahmen nationaler Forschungsprojekte und Abschlussarbeiten an Hochschulen durchgeführt.

Nationalpark Vorpommersche Boddenlandschaft (786 qkm)

Räumliche Verteilung

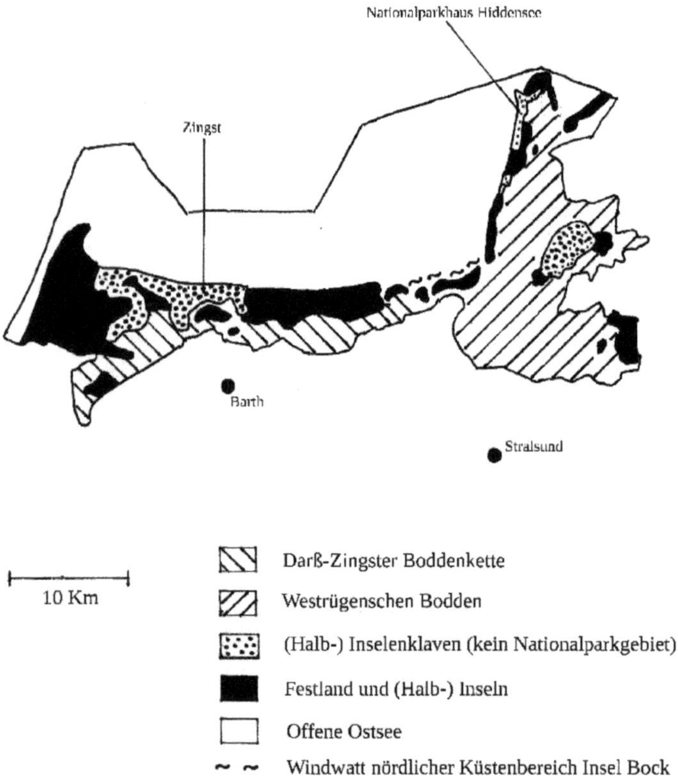

Müritz-Nationalpark

Tausend Seen-Land

Entwicklung

Mecklenburg-Vorpommerns dritter Nationalpark liegt ebenfalls auf einer ursprünglich von Gletschern der Weichseleiszeit bedeckten Jungmoränenlandschaft mit (als Ergebnis der vom Schmelzwasser der Eismassen aufgeschwemmten Sandern) vorwiegend sandigen Böden. Über Jahrtausende entwickelte sich zunächst ein der Tundra ähnliches Gebiet mit kleinen Strauchschichten, Moosen und Flechten. Mit dem Anstieg der Temperaturen bildeten sich zahlreiche Toteissenken und Waldareale mit Baumarten wie Kiefern, die auf sandigen Böden problemlos gedeihen. Aus den Toteislöchern entstanden über das ganz Gebiet verteilt zahlreiche kleinere Seen und Sölle als gegenwärtig prägendes Landschaftsbild. Dieses wurde nachfolgend vom Menschen infolge diverser Bewirtschaftungsmaßnahmen und Siedlungstätigkeiten verändert. Kanalbauten im 19. Jahrhundert bewirkten beispielsweise ein Absenken des Wasserspiegels der eiszeitlich geformten Müritz, wodurch einige Moore entstanden. Errichtete Köhlereien und Glashütten hatten großen Bedarf am Energieträger Holz. Dadurch kam es zur Abholzung großer Waldflächen unter sukzessiver Ausbreitung von Heiden.

Anfang der 1930er Jahre konnte am Ostufer des Müritzsees ein knapp 300 Hektar kleines Naturschutzgebiet ausgewiesen werden, welches 1949 mit einem mehrere Kilometer langen Uferstreifen auf 48 qkm erweitert wurde. Das Naturschutzgebiet „Serrahn“, rund 30 Km nordwestlich des Müritzsees, folgte im

Jahr 1952. Nachdem bereits Mitte der 1950er Jahre über einen „Nationalpark an der Müritz“ diskutiert worden war, vergingen noch mehrere Jahrzehnte, bis das Projekt mit der letzten Beschlussfassung des Ministerrats der DDR über die Gründung von fünf Nationalparks im Frühherbst 1990 schließlich reale Formen annahm.

Struktur

Mit einer Fläche von 322 qkm ist der „Müritz-Nationalpark“, etwa 120 Km südlich der Insel Rügen und unmittelbar im Südosten des Müritzer Sees gelegen, der zweitgrößte des Trios Mecklenburg-Vorpommerns. Er unterteilt sich räumlich gesehen in ein 260 qkm umfassendes, nordwestliches Teilgebiet Müritz und ein 62 qkm kleineres südöstliches Teilgebiet Serrahn. Beide Räume sind rund 10 km voneinander getrennt. Exakt zwischen ihnen liegt die Stadt Neustrelitz mit 22.000 Einwohnern. Über 80 % der Gesamtfläche steht im Eigentum der öffentlichen Hand, wovon weit mehr als die Hälfte auf das Bundesland entfällt.

Die Schutzzone I als nutzungsfreie Kernzone mit absolutem Vorrang natürlicher Entwicklungsprozesse hat rund 30 % Flächenanteil. In der Pflegezone (Zone II mit 3% Anteil) findet zwecks Erhaltes historischer Kulturlandschaften schonende, nachhaltige Bewirtschaftung statt. In diesen beiden Bereichen ist das Betreten außerhalb ausgewiesener Wege verboten. Zwei Drittel nimmt die dritte Zone (Entwicklungszone) ein. Sie soll in Teilen nach und nach durch Managementmaßnahmen in eine der beiden anderen Zonen integriert werden.

Zwischen 55 und gut 100 m ü.M. (höchste Erhebung Pieverstorfer Berge) reicht das Höhenprofil im flacheren Müritzer Teil. Das Serrahner Gebiet hingegen weist geomorphologisch hügligeres Gelände mit Höhen bis knapp 150 m ü.M. (Hirschberg) auf. Hier sind die Seen weniger landschaftsprägend, aber zusammen mit einem wertvollen, 270 Hektar großen Buchenwaldanteil südlich der Ortschaft Zinow (Teil des UNESCO-Weltnaturerbes Buchenwälder) verhältnismäßig waldreicher als das

Müritzer Gebiet. Dieses ist durch mehr als 100 über einen Hektar große Seen sowie zahllose kleinere Sölle charakterisiert. Insgesamt setzt sich der gesamte Nationalpark zu 70 % aus Wald (drei Viertel davon Kiefernwald), 14 % Seen, und zu 8 % aus bis zu 5 qkm großen Mooren zusammen. Die restlichen Areale sind Wiesen und Äcker. Die Buchenwälder sind deshalb so wertvoll, weil auf humusarmen Böden zunächst Fichten wachsen und diese zudem aufgrund ihres schnellen Wachstums im Fokus forstwirtschaftlichen Interesses stehen. Erst im Laufe der Zeit werden dann auf natürlichem Wege mit fortschreitender Humusanreicherung der Böden und Samenbefruchtung die Voraussetzungen für das Wachstum von Laubbäumen wie Eiche oder Buche geschaffen. Aber genau das dauert!

In den Wäldern sind außer Kiefern und Rotbuchen auch Schwarzerlen in den feuchteren Sumpfwäldern sowie die aus Nordamerika stammenden Traubenkirschen vorwiegend als Strauchschicht vertreten. Außerdem wachsen Orchideen und auf Totholz Wald-Sauerklee. Schilf an Seerändern, Seerosen und die Krebsschere in Seebuchten sowie das Kamm-Laichkraut als Unterwasserpflanze bilden einen eigenen Lebensraum. In den Moorgebieten finden sich unter anderem Sonnentau, Torfmoos und das Wollgras, während auf den Heide- und Wiesenflächen der Nadelbaum Wacholder, Sauerampfer, der Natternkopf oder auch die Orchideenart Sumf-Sitter beheimatet sind.

Im Nationalpark leben 240 Vogel-, 56 Säugetier- und 16 Reptilien- und Amphibienarten. See-, Schrei- und Fischadler, Falken sowie im Herbst und Frühjahr rastende Kraniche und Schwarzstörche können hier beobachtet werden. Biber, Fischotter sowie Schalenwild mit rund 16.000 Individuen sind die häufigsten

Säugetiere. Reptilien kommen als Waldeidechsen, Blindschleichen und Kreuzottern genauso vor wie die amphibischen Vertreter Erdkröte, Rotbauchunke und Teichmolch.

Ein etwa 500 Meter breiter und 10 Kilometer langer Streifen am Ostufer des Müritzsees gehört ebenfalls zum Nationalparkgebiet. Daran schließen größere Feuchtgebiete mit Sümpfen und Mooren an, ein spezieller Lebensraum für Pflanzen und Tiere. Auf solch nährstoffarmen Standorten überleben Erlen durch Symbiose mit Bakterien, Sonnentau, der Moorfrosch oder auch die Sumpfschildkröte.

Nationalparkziele

Schutz und Erhalt einer freien, vom Menschen unbeeinflussten Naturentwicklung der typischen mecklenburgischen Wald- und Seenlandschaft ist das primäre Leitziel des Müritz-Nationalparks. Dazu zählen ebenso kulturabhängige Ökosysteme auf kleineren Arealen unter Beachtung sozioökonomischer Belange.

Wälder sollen sich durch natürliche Sukzession wieder zu Naturwäldern entwickeln und der anthropogen verursachte, dominante Kiefernwald in Mischwald überführt werden. Hierzu ist im Fall von weniger naturnahen Beständen zeitlich begrenztes Management erforderlich. Nähr- und Schadstoffeintrag in Gewässer ist zu unterbinden, zumindest aber einzuschränken. Durch Wiederbelebung des natürlichen Wasserhaushalts sind entwässerte Moose zu regenerieren.

Den Besuchern stehen zu Informations- und Bildungszwecken sechs Informationszentren entlang des Ostufers der Müritz zwischen Waren im Nordwesten und Neustrelitz im Südosten sowie die Nationalpark Ausstellung Serrahn am Nordwestrand des Serrahner Teils bei Zinow bereit. Erwachsenenbildung in Form von Kompaktkursen unter Vermittlung von Basiswissen mit Angeboten im Frühjahr oder im Herbst stattfindende, eher wissenschaftlich angehauchten Kolloquien zu einem Forschungsthema wird hier ebenfalls durchgeführt.

Unter Verknüpfung von Wissen und Emotionen werden im Rahmen einer ganzheitlichen Naturerfahrung Bildungsangebote für Schulen unterbreitet. Projekttage mit Exkursionen, bei denen Schüler Naturvorgänge hautnah erleben, stehen ebenso auf dem Programm.

Das Wildtier-Monitoring ist einer der Schwerpunkte der Nationalparkforschung. Fragen zum Tierbestand und dessen Einfluss auf die Waldentwicklung stehen hierbei im Vordergrund. Kooperationen mit anderen deutschen Nationalparks, in denen großräumig Schalenwild vorkommt, tragen zur Optimierung der Methodik (Beispiel Fotofallen) bei. Weitere Projekte befassen sich unter anderen mit Auswirkungen des Klimawandels auf einheimische Baumarten, der Beobachtung von Großvögeln oder auch mit dem Gewässermonitoring zur natürlichen Seenentwicklung.

Müritz-Nationalpark (322 qkm)

Räumliche Verteilung

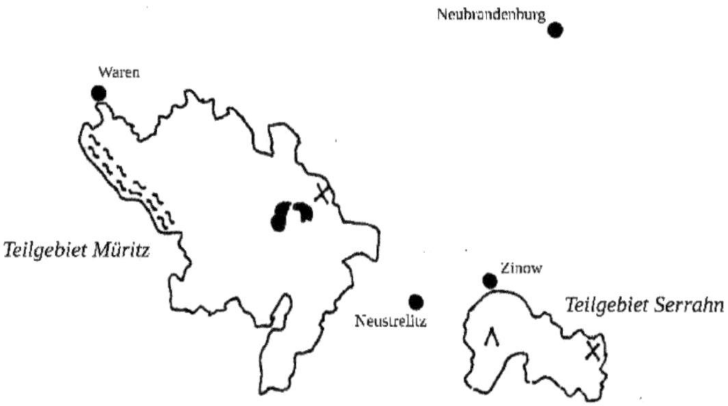

10 Km

X Höchste Erhebungen 105 / 143 m ü.M

Λ Alte Buchenwälder (UNESCO-Weltnaturerbe)

≈ Seestreifen Müritz, angrenzende Sumpf- und Moorgebiete

■ Ortsteilenklaven (kein Nationalparkgebiet)

Nationalpark Harz

Sagenumwobenes Mittelgebirge

Entwicklung

Wie auch die anderen deutschen Mittelgebirge verdankt der Harz seine Entstehung der variskischen Gebirgsbildung vor 300 bis 350 Millionen Jahren. Verschiedene im Meer abgelagerte Gesteinsschichten (Quarzit, Ton-/ Kieselschiefer, Grauwacken,Kalk) wurden infolge tektonischer Vorgänge im Karbon zunächst in von Südwest nach Nordost streichende Falten gelegt und dann unter Intrusion von Magmatiten (heutige Granitmassive) aus dem Meer gehoben. Nach Abtragung im Perm vor rund 280 Millionen Jahren sank es als Rumpfgebirge wieder unter den Meeresspiegel. Im Verlauf von rund 150 Millionen Jahren zwischen Jura und Kreidezeit wurde der Harz infolge von Spannungen in der Erdkruste abermals gehoben und auf das nördliche Vorland aufgeschoben (Harznordrandstörung). Hierbei kam es zur steilen Aufrichtung seines Nordrandes sowie zur Überschiebung von Erdschollen infolge horizontaler Bewegungen. Durch diese Überschiebung erklärt sich die heutige Ausrichtung der Pultscholle des Harzes in Nordwest-Südost-Richtung. Das subtropische Klima des Tertiärs verursachte durch verschiedene Abtragungsprozesse eine Gebirgseinebnung, wobei das die heutigen Berggipfel bildende harte, widerstandsfähige Granitgestein herausgeschält wurde. Im Laufe des nachfolgenden kühleren Quartärs vor ein bis zwei Millionen Jahren entstanden die Täler als Folge von Flusseinschneidungen.

Den gegenwärtigen Ansprüchen eines Nationalparks kam der Dichter Hermann Löns schon 1912 recht nahe, indem er sich damals für einen „Harzer Heimatspark" in der Nähe Bad Harzburgs aussprach. Nach seinen Vorstellungen sollte der dort rein forstwirtschaftlich genutzte Wald zu einem naturnahen Bergwald umstrukturiert werden. Aber erst nach dem Zweiten Weltkrieg konnte im Bundesland Niedersachsen zwischen 1954 und 1958 das Naturschutzgebiet „Oberharz" auf einer Fläche von insgesamt 70 qkm gegründet werden. In den Jahren 1961 und 1967 zog die DDR auf thüringischer Seite mit einem gleichnamigen Naturschutzgebiet um den Brocken (rund 19 qkm) nach. Gut 20 Jahre später wurde im Rahmen des Nationalparkprogramms der DDR der „Nationalpark Hochharz" mit knapp 60 qkm als Nationalpark per Verordnung auf der letzten Volkskammersitzung vor der Wiedervereinigung zum 01.10. 1990 gegründet. Weitere elf Jahre später veranlasste das Land Sachsen-Anhalt eine Flächenerweiterung auf knapp 90 qkm.

Niedersachsen benötigte eine längere Anlaufzeit zur Umsetzung der Nationalparkidee in seinem Harzer Hoheitsbereich. Anfang 1992 erging der entsprechende Landtagsbeschluss, zum Jahresbeginn 1994 trat die Verordnung über den „Nationalpark Harz" (158 qkm) unter Berücksichtigung einer eventuell späteren Fusion mit seinem östlichen Pendant in Kraft. Der Grundstein eines länderübergreifenden Nationalparks wurde durch Beschluss beider Landesregierungen im Frühjahr 2004 gelegt und bereits im Sommer des gleichen Jahres durch einen Staatsvertrag besiegelt. Im Januar 2006, zwölf Jahre nach ersten Überlegungen einer Fusion, war das Ziel einer gemeinsamen Nationalparkverwaltung endlich erreicht.

Struktur

Im Nordwestteil des Harz, zwischen Herzberg/Niedersachsen und Wernigerode/Sachsen-Anhalt, erstreckt sich der Nationalpark von Südwesten nach Nordosten mit einer Länge von 33 km und 18 km maximaler Breite auf einer Fläche von 247 qkm. Er liegt 50 km nordöstlich von Göttingen im höchsten Mittelgebirge Norddeutschlands. Der niedrigste Punkt befindet sich in seiner nördlichsten Randzone bei 230 m ü.M., der höchste auf dem Brocken mit 1.141 m ü.M. Niedersachsens Teil steht zu 98 % im Eigentum des Landes, Sachsen-Anhalt gehört mehr als drei Viertel seines Bereichs, dem Bund ein Fünftel. Der jeweilige Rest verteilt sich auf Körperschaften.

Das gesamte Areal ist mit 97 % vornehmlich mit Kiefern- und Buchenwäldern bewaldet. Moore, Granitklippen und Gewässer nehmen die restlichen Bereiche ein. Kernzonen (Naturdynamikzonen), in denen keine Waldentwicklungsmaßnahmen mehr stattfinden, sind bislang zu 70 % vertreten. Obwohl beide Teile des Nationalparks vor der Fusion die IUCN-Anerkennung der Kategorie II im Jahr 2003 bekamen, zählt er gegenwärtig als „Entwicklungsnationalpark“, da das Kernzonenziel von 75 % Anteil an der Gesamtfläche noch nicht erreicht ist.
Weiterhin gibt es Naturentwicklungszonen (29 %), welche sich durch geeignete Managementmaßnahmen zu Naturdynamikzonen entwickeln sollen. Mit knapp einem Prozent sind kulturhistorisch wertvolle Bergwiesen und -weiden als Nutzungszonen ausgewiesen. Diese werden zur Mahd oder Beweidung genutzt.

Aufgrund der verhältnismäßig großen Höhendifferenz von über 900 Meter können mehrere Vegetationsstufen unterschieden werden: Buchenwälder von 230 bis 700 m (bis etwa 300 m durchmischt mit Eichen), Mischwald aus Buchen und Fichten in einen engen montanen Höhenstufenbereich zwischen 700 und 800 m, Bergfichtenwälder und Hochmoore über 800 m im hochmontanen Bereich sowie die Zwergstrauchheide oberhalb der Waldgrenze über 1.100 m (subalpine Höhenstufe). Die extremen Witterungsverhältnisse mit Kälte, Nässe und Sturm machen den Harz zum einzigen Mittelgebirge Deutschlands, in dem die natürliche Waldgrenze bereits bei 1.100 m ü.M. liegt.

Auch die Lebensräume der Tierwelt entsprechen dieser vertikalen Schichtung. In den Buchenwäldern lebt zurückgezogen die Wildkatze, die dort verschiedene Verstecke in Totholzbereichen vorfindet. Wiederansiedlungserfolge führten 200 Jahre nach ihrem Aussterben auch zur neuerlichen Anwesenheit der Luchse in den Harzer Wäldern. Schwarzspecht und der seltene Schwarzstorch deuten auf einen gesunden Waldbestand hin. Der Raufußkauz ist auch im Buchen-Fichten-Wald heimisch, während der Auerhahn als früherer typischer Bewohner hier nicht mehr vorkommt. Im Bergfichtenwald findet der Sperlingskauz, entsprechend seines Namens die kleinste Eulenart Mitteleuropas, mit seinen Nestern in alten Fichtenhöhlen sein Revier. Die gut erhaltenen Hochmoore liegen vorwiegend im Westen des Nationalparks ab einer Höhe von 700 m ü.M. auf der Luvseite des Brocken. Sie sind in ihrer Entwicklung auf Regen angewiesen, der hier reichlich fällt. Da es sich um äußerst nähr- und sauerstoffarme Lebensräume handelt, können dort nur angepasste Tiere und Pflanzen wie der fleischfressende Sonnentau oder verschiedene Schmetterlingsarten leben. Das „Große Torfhausmoor", rund 5 km westlich des Brocken gelegen, hat über mehrere Jahrtausende eine bis zu 5 Meter dicke, fast unangetastete Torfschicht gebildet.

Auch Lebensräume um Gebirgsbäche (Feuersalamander, Eisvogel), Felsengelände (Waldeidechse, Fledermäuse) und der waldfreie Brockengipfel (Zwergstrauchheide mit diversen Spinnenarten) sind nur scheinbar unbewohnt.

Nationalparkziele

Absolute Priorität genießt die eigendynamische Entwicklung der Natur in Raum und Zeit. Hierbei sollen Lebensräume und Arten, welche sich in einem schlechten Erhaltungszustand befinden, mit Managementmaßnahmen zur naturnahen Entwicklung geleitet werden. Bewahrung und, wenn notwendig, Wiederherstellung der biologischen Vielfalt mit dem Ziel des natürlichen Prozessschutzes ist somit das primäre Ziel des Nationalparks Harz im Rahmen des Naturschutzes.

In acht Besucherzentren innerhalb und am Rande des Nationalparks bieten Ausstellungen zu verschiedenen Themenbereichen die Möglichkeit vertiefter Kenntnisse. Das Nationalparkzentrum Sankt Andreasberg vermittelt mittels interaktiver Ausstellung und dem Erlebniskino Kenntnisse zur Geschichte des Harz samt seiner Rückkehr zur Wildnis. Absolut empfehlenswert ist ein Ausflug zum Brockenhaus auf dem Gipfel der auch Blocksberg genannten höchsten Erhebung Norddeutschlands. Über drei Etagen führt eine Ausstellung zur Historie dieses Berges vom Naturgeschehen bis hin zu seinem seit dem ausgehenden Mittelalter bezeichneten „Ruf“ als Versammlungsort von Hexen in der Walpurgisnacht.

Darüber hinaus ist naturkundliche Bildung in einem außerschulischen Lernort ein Anliegen der Nationalparkverwaltung. Hierzu steht ein Umweltbildungszentrum im Nationalparkhaus Sankt Andreasberg am Südrand des Nationalparks sowie sieben weiteren, räumlich verteilten Lernorten vorrangig Schülern, aber auch Erwachsenen zur Verfügung. Themenschwerpunkt ist das nachhaltige Wildniskonzept in Form von Einzelprogrammen, Projekttagen oder -wochen.

Durch angewandte Forschung sollen die jeweiligen Ergebnisse direkt den Schutzzielen zugutekommen. Hierbei ist die langfristige Beobachtung der Veränderungen in den einzelnen Lebensräumen von besonderer Relevanz, da sie auch als Richtschnur für die Bewertung von Naturnähe anderer Gebiete außerhalb des Nationalparks dienen. Dies geschieht insbesondere durch fortlaufend aktualisierte Vegetationskartierungen, um solche Veränderungen wahrzunehmen. Am Beispiel der strukturellen Waldentwicklung werden Vegetations- und Tierbestände erfasst und sukzessive aktualisiert. Ein weiteres Ziel besteht im artenspezifischen Monitoring seltener Arten wie dem Luchs oder Schwarzstorch.

Nationalpark Harz (247 qkm)

Räumliche Verteilung

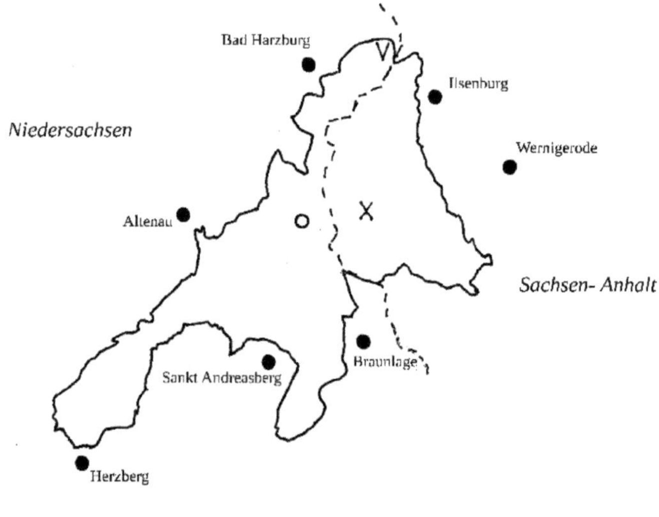

X Höchste Erhebung Berggipfel Brocken (1.141 m ü.M.)

V Tiefste Senke (230 m ü.M.)

O Großes Torfhausmoor (800 m ü.M.)

- - - Landesgrenze Niedersachsen / Sachsen-Anhalt

Nationalpark Sächsische Schweiz

Bizarres Elbsandsteingebirge

Entwicklung

Während der Kreidezeit vor 120 Millionen Jahren lag das heutige Gebiet der Sächsischen Schweiz, dem deutschen Teil des Elbsandsteingebirges, noch unter einem flachen Binnenmeer. Zuflüsse lagerten Massen an Sand auf dem Grund dieses Meeres ab, die sich unter ihrem enormen Gewicht verfestigten und schließlich Sandstein bildeten. Die so entstandene, bis zu 500 Meter mächtige Sedimentschicht tauchte durch Hebung aus dem Meer auf. Vor 70 Millionen Jahren schob sich das harte Granitgestein der Oberlausitz durch tektonische Bewegungen über die weicheren Sandsteinsedimente und zerbrach diese unter Bildung von senkrechten Spalten und Rissen. Im Tertiär vor etwa 30 Millionen Jahren wurde das Erzgebirge unter Schrägstellung angehoben, wodurch die Elbe ein größeres Gefälle mit höherer Fließgeschwindigkeit erfuhr und somit ihre Erosionskraft verstärkte. So konnten im Verlauf von weiteren Jahrmillionen Schluchten wie Täler eingeschnitten und die aus Resten der Sandsteinplatte bestehenden Tafelberge geformt werden. Weitere Ablagerungen von Geröll, Sand und Geschiebelehm aus der letzten Eiszeit in diesen Tälern wurden von den vom schmelzenden Eiswasser anschwellenden Flüssen ausgewaschen (physikalische Verwitterung) und schufen wiederum neue Täler. Der Elbverlauf änderte sich aufgrund dieser Dynamik fortwährend und formte das gegenwärtige, charakteristische Landschaftsbild, welches in Mitteleuropa als einmalige Erosionslandschaft der Kreidezeit in Erscheinung tritt.

Anfang des 20. Jahrhunderts trieben zwei Heimatvereine Gedanken zum Naturschutz von Gebieten der Sächsischen Schweiz voran. So konnte bereits 1912 das Polenztal als erstes Naturschutzgebiet Sachsens ausgewiesen werden. Im Jahre 1938 folgte die Felsformation Bastei am nördlichen Ufer der Elbschleife bei Rathen mit einer Fläche von knapp 8 qkm. Beide Areale befinden sich in der Kernzone des heutigen Nationalparks. Das gesamte Gebiet der Sächsischen Schweiz wurde 1956 im Rahmen des 1954 verabschiedeten „Gesetztes zur Erhaltung und Pflege der heimatlichen Natur“ zum Landschaftsschutzgebiet in einer Größenordnung von 288 qkm erklärt. Im neuen „Landeskulturgesetz“ von 1970 wurde dann festgelegt, dass der Charakter dieser Landschaft nicht verändert werden darf sowie die Erholungsfunktion für den Menschen durch Waldbewirtschaftung und Steuerung der Bebauung gewahrt bleiben soll. Zwanzig Jahre später, am 01.10.1990, konnte dann zeitgleich mit den vier anderen Nationalparks auf dem Gebiet der ehemaligen DDR der erste Nationalpark Sachsens auf einer Fläche von 94 qkm gegründet werden. Zum Jahresanfang 2000 eröffnete die Tschechische Republik auf ihren Teil des Elbsandsteingebirges den 80 qkm großen „Nationalpark Böhmische Schweiz“, der entlang der Staatsgrenze unmittelbar an seinen deutschen Nachbarn anschließt.

Struktur

Der „Nationalpark Sächsische Schweiz“ ist in einen 30 qkm umfassenden, rund 20 km südöstlich von Dresden gelegenen (Felsformation Bastei) Teil und einen 64 qkm größeren Bereich (Schrammsteine, 3 km östlich von Bad Schandau) gegliedert, der direkt an Tschechien grenzt. Beide Teilgebiete sind rund zwei Kilometer räumlich voneinander getrennt. Knapp 90 % des Areals befindet sich im öffentlichen Eigentum des Landes Sachsen, der Rest ist in privater Hand. Die Höhendifferenz beträgt 446 Meter. Höchster Punkt ist mit 556 m ü.M. der „Große Winterberg“ unweit der tschechischen Grenze nordöstlich von Reinhardtsdorf-Schöna. Ganz im Westen, im Elbtal nahe der Bastei, liegt mit 110 m ü.M. die niedrigste Stelle. Trotz seines Namens ist das Elbsandsteingebirge aufgrund seiner relativ niedrigen Meereshöhe kein Gebirgssystem.

Eingeteilt ist er in drei Zonen zuzüglich einer überlappenden Kernzone. In Naturzone A mit 37 % Anteil sollen natürliche Prozesse ohne Entwicklungs- und Pflegemaßnahmen ablaufen. Naturzone B (58 %) gilt als Entwicklungszone unter zeitlich begrenzen Managementmaßnahmen zur späteren Integration in Naturzone A. Mit 5 % beinhaltet die Pflegezone bewirtschaftete Kulturlandschaften sowie Erholungsbereiche.

Mit einem Wald- und Felsanteil von insgesamt 93 % besteht das gesamte Gebiet vorwiegend aus Hainsimsen-Buchenwäldern, Buchen-Tannenwäldern sowie Tannen-Fichtenwäldern unter Dominanz von Rotbuche, Weiß-Tanne, Gemeiner Kiefer, Traubeneiche und Hainbuche. Auf den nährstoffreichen Basaltbergen des tertiären Vulkanismus wie dem Großen Winterberg wachsen vorwiegend Rotbuchen, während sich in den Talsohlen

Bergmischwald vorfindet. Diese ökologische Besonderheit in Form einer Umkehrung der mitteleuropäischen Waldhöhenstufen resultiert aus der charakteristischen, markanten Vertikalstruktur des Elbsandsteingebirges.

Die größeren Raubtiere Luchs, Dachs und Fischotter sind hier (wieder) heimisch. Bizarre Felsreviere der Kreidesandsteine, im Norden ergänzt durch Granitgestein, machen den Nationalpark mit zerklüfteten Felsriffen, -plateaus und -türmen zu einem einzigartigen Naturerlebnis. In diesem Lebensraum sind Wander- und Turmfalke, Mauersegler sowie einige Fledermausarten heimisch. Weitere Lebensräume sind das Offenland mit Wiesen und Weiden, Stand- und Fließgewässer sowie vereinzelten Mooren.

Nationalparkziele

Vorrangiges Ziel des Nationalparks *„ist die möglichst großflächige Sicherung eines von menschlichen Eingriffen weitgehend ungestörten Wirkens der Naturprozesse und die Dynamik von Lebensgemeinschaften, insbesondere einer natürlichen Waldentwicklung“*. Eingeschlossen sind hierbei alle Naturprozesse in den verschiedenen Lebensräumen zur autarken Entwicklung von Pflanzen und Tieren. Im Einzelfall soll unter anderem der Flächenbestand der vom Aussterben bedrohten Weiß-Tanne soll erhöht und dauerhaft gesichert werden. Ehemals zahlreich vertretene heimische Tierarten wie das Haselhuhn oder der Luchs, welche nur noch punktuell vorkommen, sind artgerecht wieder anzusiedeln.

Im Nationalparkzentrum Bad Schandau, dem zentralen Informations- und Bildungsschwerpunkt, finden Kinder wie Erwachsene zu jeder Jahreszeit interaktive Lern- und Erlebnisangebote zu den Themenbereichen Geologie, Lebensgemeinschaften, Kulturlandschaft und Nutzungsgeschichte des Elbsandsteingebirges. Direkt am markanten Tafelberg Lilienstein, dem Symbol des Nationalparks in der Elbschleife gegenüber der Ortschaft Königstein, befindet sich die Kinder- und Jugendbildungsstätte Sellnitz mit primären Angeboten für Grundschulen und Kindergärten. Von der Natur lernen, sie erleben, erkennen und verstehen lautet das Bildungsmotto für sämtliche Altersschichten.

Im Rahmen wissenschaftlichen Monitorings und der Erforschung dynamischer Prozesse von Ökosystemen liegen die Schwerpunkte auf deren Inventarisierung, Dauerbeobachtung und Begleitforschung unter möglicher Abstimmung mit bundes- und landesweiten, inhaltlich ähnlichen Programmen. Die aufbereitete Erfassung raumbezogener Daten findet in diesem Zusammenhang über das Geographische Informationssystem „GIS“ statt. Biotische Inventarisierung umfasst Pflanzen, Tiere sowie ihre Lebensräume, abiotische hingegen unterschiedliche Standorte klimatischer, bodenkundlicher oder hydrologischer Art als Voraussetzungen der entsprechenden Lebensbedingungen. Zur Begleitforschung zählen unter anderem sozioökonomische Untersuchungen über das Verhältnis von Mensch und Natur oder Regionalentwicklungsbeiträge. Einzelprojekte, wie beispielsweise die Bestimmung von nachtaktiven Käferarten mittels Lichtfallen, werden mit dem Ziel durchgeführt, welche (und eventuell auch noch nicht bekannten) Arten in den unterschiedlichen Lebensräumen das Nationalparks vorkommen.

Nationalpark Sächsische Schweiz (94 qkm)

Räumliche Verteilung

5 Km

X GroßerWinterberg, 556 m ü.M.

Λ Felsformation Schrammsteine, 425 m ü.M.

⬭ Felsformation Bastei, 305 m ü.M.

o Bildungszentrum Sellnitz am Lilienstein

▨ Angrenzender „Nationalpark Böhmische Schweiz“

Nationalpark Unteres Odertal

Eingedeichter Auen-Nationalpark

Entwicklung

Nach dem Ende der Eiszeit vor rund 12.000 Jahren hinterließen abgeschmolzene Gletscher die Oderniederung mit ihren aus abgelagerten Geschiebemergeln bestehenden Höhenzügen auf beiden Seiten des heutigen Unteren Odertals. Die Besiedlungsgeschichte reicht mehr als 7.000 Jahre von Jägern und Sammlern über sesshafte Bauern, slawische Bewohner, deutsche Siedler im Zuge der Ostkolonisation des Hochmittelalters, hugenottische Glaubensflüchtlinge bis in das Zeitalter der späten Industriellen Revolution zurück. Wachsender Bevölkerungsdruck erforderte auch eine Ausweitung landwirtschaftlicher Produktion. Bislang kaum genutzte Talniederungen boten sich hierzu an und mussten entwässert werden. Notwendige Flussbegradigungen veränderten den Verlauf der Oder. Infolge der Hochwassergefahr wurden deshalb, nach dem Muster Hollands, zu Anfang des 20.Jahrhunderts Deiche mit einer Gesamtlänge von fast 180 km errichtet. Auf diese Weise entstand ein beeindruckendes, von Poldern geprägtes Kulturlandschaftsbild.

Der „Nationalpark Unteres Odertal“ im Bundesland Brandenburg verdankt seine Existenz diesen ausgedehnten Polderflächen, die von jeher als Brut-, Rast- und Überwinterungsgebiet ein Paradies für viele Vogelarten darstellen. Von Ornithologen über lange Zeiträume gesammelte Daten zur Vogelwelt führten 1980 zur Ausweisung dieser Areale als Feuchtgebiete von internationaler Bedeutung. Anfang der 1990er Jahre vereinbarten

Polen und Deutschland die Gründung eines grenzüberschreitenden Schutzgebiets „Internationalpark Unteres Odertal“ als Zusammenschluss dreier Landschaftsschutzgebiete auf polnischer und deutscher Seite mit einer Gesamtfläche von rund 640 qkm. Trotz aller Widerstände von Landwirten, Fischern und Anglern konnte schließlich mit Verabschiedung des brandenburgischen Nationalparkgesetzes im Sommer 1995 der „Nationalpark Unteres Odertal“ gegründet werden.

Struktur

Entlang des westlichen Unterlaufs der Oder in der Uckermark, etwa 70 km nordöstlich von Berlin und 20 km südlich der Stadt Stettin, erstreckt sich der Nationalpark mit einer Länge von rund 45 km über 103 qkm Fläche bei maximal 5 km Breite. In seiner Mitte ist er durch die Schwedter Querfahrt getrennt, die als Seitenarm der Stromoder eine Verbindung zur HFW-Wasserstraße auf Höhe der Stadt Schwedt herstellt.
Knapp die Hälfte der Fläche sind Überflutungspolder, je ein Fünftel Trockenpolder und Wald. Wasserflächen (7 %) und Trockenrasen (1%) sowie Verkehrsflächen bilden den Rest. Im Norden (u. a. Waldgebiet Garzer Schrey) befinden sich Quellmoore. Das Höhenprofil liegt zwischen 1 m ü.M. am Oderrand und 80 m ü.M. im Schöneberger Wald im Südwesten des Nationalparks.

Die Schutzzone Ia ist uneingeschränkt der natürlichen Entwicklung überlassen, für Zone Ib gilt dies erst zukünftig, nachdem Eigentümer und Nutzungsberechtigte hinreichend entschädigt werden konnten. Es handelt sich also um ein gegenwärtiges und zukünftiges Totalreservat mit einem Flächenanteil von insgesmat 50,1 %. Dabei ist anzumerken, dass Wildtiermanagement dort nicht völlig ausgeschlossen wird, um Wildbestände zu regulieren. Die andere (knappe) Hälfte bildet Schutzzone II. Hier findet landwirtschaftliche Nutzung und Fischerei oder auch Pflege zum Erhalt der Vielfalt von Flora und Fauna statt. Da immerhin 47 qkm des Nationalparks als Grünland von Landwirten genutzt wird, kommt es durchaus auch zu Interessenskollisionen.
Als Lebensräume fungieren a) Auenflächen mit Grasländern, Rieden, Röhrichten und Weichholzauwäldern, b) grundwasserferne Waldökosysteme mit Hangwäldern, c) höher gelegene

Standorte mit Trockenrasen sowie d) flache Gewässer (Seen, Altarme, kleine Fließgewässer). Im Herbst und Frühling ziehen bis zu 200.000 Wasservögel durch die Oderniederung, Bläss- und Saatgänse, Stock- und Pfeifenten sowie Kraniche rasten hier.
Außerdem ziehen fast 150 Brutvögel wie der seltene Seggenrohrsänger ihre Jungen auf. Mit Biber und Fischotter sind zwei besonders wasserliebende der insgesamt 50 vorkommenden Säugetierarten vertreten. Hinzu kommen fast ebenso viele Fisch-, 11 Amphibien- und 6 Reptilienarten. Auf den teilweise steil ansteigenden Flussrändern der Oderhänge sind Rotbuchen- und Eichen- Hainbuchenwälder charakteristisch, während in den ausgedehnten feuchteren Standorten der Auenwald von Erlen, Weiden und Eschen durchsetzt ist. Die Areale der Trockenrasen sind mit Knabenkräutern oder dem Frühlingsadonisröschen sogar von Pflanzen der Steppenzone durchzogen.

Nationalparkziele

Im Mittelpunkt der Zielsetzungen des Nationalparks steht der Schutz natürlich ablaufender Prozesse sowie die ungehinderte Entwicklung natürlicher Lebensräume auf mehr als der Hälfte der gesamten Nationalparkfläche. Schutzzone Ib soll mittel- bis langfristig in Schutzzone Ia integriert werden. Der Schwerpunkt von Renaturierungsmaßnahmen ist auf Wiederherstellung und Erhalt natürlicher Überflutungsprozesse unter Beachtung des Siedlungshochwasserschutzes sowie der Schifffahrt gerichtet. Das gilt ebenso für Altarme und Altwässer, deren Existenzsicherung den Charakter einer Flussaue mitbestimmen. Zur Renaturierung der Waldflächen mit dem Ziel einer Entwicklung zu naturnahen Wäldern werden Kieferbestände zusammen mit nichtheimischen Baumarten teilweise entnommen. Grünlandflächen (Trockenrasen, Nass- und Trockenpolder) der Schutzzone II sollen als kulturabhängige Lebensräume durch extensive Beweidung gepflegt und erhalten werden.

Ein weiteres Ziel ist der Weg zur öffentlichen Wahrnehmung des Nationalparks als naturtouristische Ausflugs- und Urlaubsregion (sanfter Tourismus). Das Nationalparkhaus in Criewen, 6 km südwestlich der Stadt Schwedt, gibt den Besuchern Einblicke in das vielfältige Naturgeschehen und in die wechselvolle Geschichte der Landschaft. In 13 Ausstellungsbereichen kann den Geheimnissen der Natur auch durch Eigeninitiative auf den Grund gegangen werden.

Unter der Leitlinie „Alles fließt – Natur kennt keinen Stillstand“ findet Natur- und Umweltbildung statt. Für Kitas und Schulen aller Altersstufen werden außerschulische Lernprogramme in Form von Exkursionen im Nationalparkgebiet sowie von Rallys durch die interaktive Ausstellung im Besucherzentrum Criewen angeboten. Dabei stehen die Themen „Vom Wasser geprägte Auenlandschaft“ und „Lebensraum Wald“ im Blickpunkt. Auch erwachsene Besucher können sich durch Spezialisten für Flora und Fauna im Zuge geführter Wanderungen informieren lassen. Ein weiterer Bildungsschwerpunkt liegt in der 10.000 Jahre alten Geschichte der Landschaftsentwicklung im wichtigen Zusammenspiel anthropogener und natürlicher Einflussfaktoren auch im Hinblick auf zukünftige menschliche Verhaltensweisen.

Entsprechend des Schutzzwecks ist auch hier dauerhaftes Monitoring der einzelnen Lebensräume unerlässlich. Wildnisentwicklung und Untersuchungen zu charakteristischen Arten bilden den Forschungsschwerpunkt. So ist an den Bemühungen zur Wiederansiedlung des seit den 1960er Jahren in Deutschland ausgestorbenen Störs, einem urtümlichen Knochenfisch, der gerade in den großflächigen Überschwemmungsgebieten der Polder hervorragende Laichgebiete vorfindet, auch der „Nationalpark Unteres Odertal“ beteiligt. Ein weiteres Beispiel ähnlicher Forschungsprojekte untersucht die Zuwegung und Brutherkunft der hier überwinternden Waldsaatgans, deren Bestand in den letzten Jahren zurückgegangen ist.

Nationalpark Unteres Odertal (103 qkm)

Räumliche Verteilung

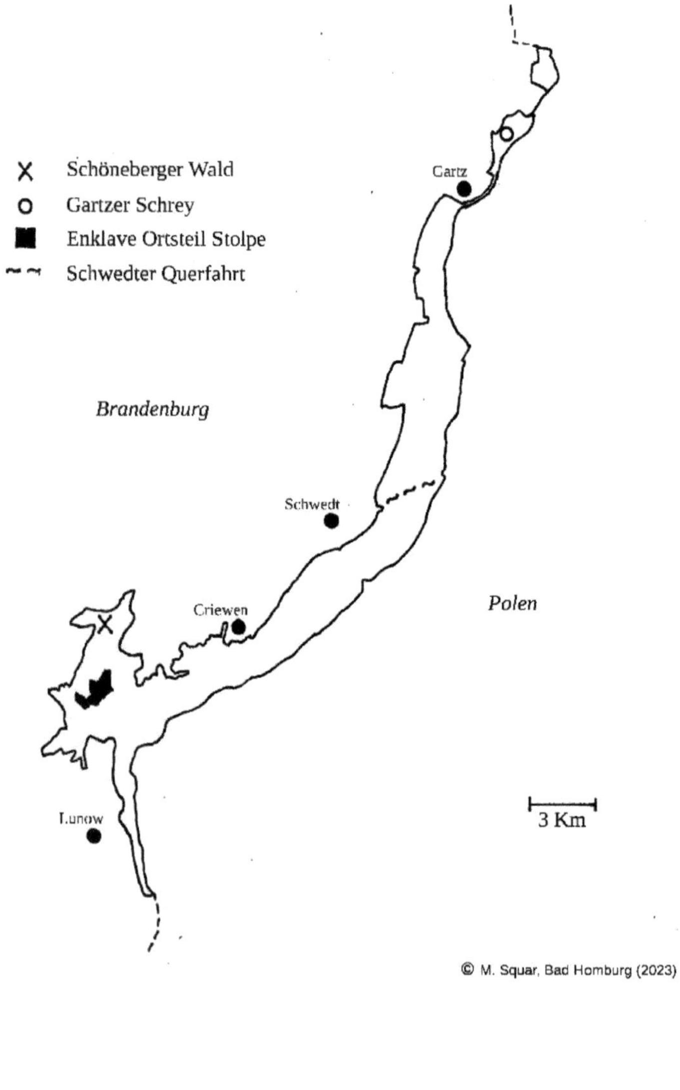

Nationalpark Hainich

Buchen-Nationalpark Thüringens

Entwicklung

Der Hainich ist ein Höhenrücken der „Germanischen Trias“ aus der Zeit vor 200 bis 250 Millionen Jahren. Diese geologische Formationsgruppe tritt lediglich im mitteleuropäischen Raum nördlich der Alpen auf. Sie besteht aus den Gesteinseinheiten Buntsandstein, Muschelkalk und Keuper, wobei oberflächennah primär die Kalke und Mergel des Muschelkalks in Erscheinung treten. Aufgrund dieser Verhältnisse entstand ein Karstgebiet mit Karstquellen und durch Subrosion hervorgerufene Senken (Erdfälle).

Mehr als fünf Jahrzehnte, seit Mitte der 1930er bis Angang der 1990er Jahre fand in der Südhälfte des Hainich militärische Nutzung statt. Dieses abgeschirmte Sperrgebiet diente nach seiner zivilen Nutzungsfreigabe als Ideengrundlage zur Schaffung eines Nationalparks. Einerseits nahm sich die Natur entstandene Kahlflächen mit Vehemenz zurück und wandelte sie in Wald um. Andererseits blieben weite, unzugängliche Bereiche der alten, über Generationen naturnah bewirtschaften Wälder völlig unangetastet, die sich somit über viele Jahrzehnte zu wahren Urwäldern entwickeln konnten.

Unter diesen Voraussetzungen kam es ab 1993 zu zahlreichen Diskussionen über das Für und Wider eines Schutzgebiets. Die Landesregierung Thüringens beschloss im Oktober 1996, nachdem mittlerweile alle neuen Bundesländer der ehemaligen DDR über mindestens einen Nationalpark verfügten, ein Nationalparkkonzept. Zu Silvester 1997 trat schließlich das „Gesetz über den Nationalpark Hainich“ in Kraft. Ende Februar 1998 fand seine offizielle Einweihung statt.

Struktur

Nördlich des Thüringer Waldes, am Westrand des Thüringer Beckens liegt der Nationalpark Hainich zwischen Eisenach und Bad Langensalza. Er nimmt mit 75 qkm die gesamte südliche Hälfte des von Nordwest nach Südost streichenden, rund 25 km langen Höhenzugs Hainich ein, der bei einer Gesamtfläche von 160 qkm das größte zusammenhängende Laubwaldgebiet Deutschland bildet. Der höchste Punkt befindet sich mit 490 m ü.M. auf der Hohen Laite, gut 3 Kilometer südwestlich des Ortsteils Craula. Die niedrigste Stelle liegt 260 Meter tiefer im Norden bei Mülverstedt. Dem Freistaat Thüringen gehört knapp 95 % des Areals, 5 % entfällt auf Kommunen.

Der Anteil der Schutzzone I (Kernzone) beläuft sich auf über 75 % der Nationalparkfläche, wobei faktisch aber schon mehr als 90 % keiner Nutzung mehr unterliegt. Natur und Landschaft sind hier sich selbst überlassen. In Schutzzone II mit dem restlichen Viertel finden vorübergehende Managementmaßnahmen statt, bis sie danach faktisch in Zone I übergeht.
Mit einem Anteil von 70 % ist der Nationalpark von artenreichen Laubwäldern unter Dominanz der Rotbuche bedeckt. Ein knappes Drittel besteht aus Gebüschen, Magerrasen und Beweidungsflächen. Auf den nährstoffreichen Muschelkalkböden gedeiht besonders gut der Waldgersten-Buchenwald. Er ist das bedeutendste Ökosystem, es folgen Orchideen- und Waldmeister-Buchenwälder. Eichen-Hainbuchenwald findet sich im Randbereich zum klimatisch eher subkontinental beeinflussten Thüringer Becken. Hanglagen und Täler sind wiederum von Bachauen- sowie von Ahorn-Eschenwäldern geprägt.

Der hohe Totholzbestand lässt eine reiche Population an Holzkäferarten zu, von denen einige als „Urwald-Reliktarten“ urwüchsige Wälder bevorzugen. Vier solcher Spezies gibt es im Nationalpark Hainich, eine davon ist der gefährdete Kurzhornschröter. Das Totholz ist ebenso ein willkommener Wirt für 1.600 Pilzarten wie den Zunderschwamm. Für die Wildkatze ist der Nationalpark mit seinen weitläufigen, unzerschnittenen Wäldern geradezu prädestiniert. Immerhin mehrere Dutzend der scheuen Samtpfoten fühlen sich hier ausgesprochen wohl. Weitere typische Tiere außer dem Reh- und Schwarzwild sind der Baummarder, Dachs, Schwarzspecht sowie Waldfledermäuse. Außerhalb der Wälder leben Amphibien (Kamm-Molch, Gelbbauchunke) an Kleingewässern oder der Neuntöter über offenem Wiesengelände.

Nationalparkziele

Zweck und übergeordnetes Ziel des Nationalparks Hainich ist die natürliche Entwicklung hin zu einem mitteleuropäischen Urwald ohne landwirtschaftliche Nutzung und sonstige anthropogene Einwirkungen. Schon heute sind 90 % der Nationalparkfläche völlig nutzungsfrei; sie gilt damit als größte nutzungsfreie Laubwaldfläche Deutschlands. Von zentraler Bedeutung ist der Erhalt und die gesunde Entwicklung seiner teils sehr alten Buchenwälder, die als UNESCO-Weltnaturerbe gelistet sind. Dieser soll sich auf den überwiegenden Arealen durchsetzen und den Nadelwaldbestand begrenzen, damit ein typischer Lebensraum Mitteleuropas in seiner ursprünglichen Form existent bleibt.

Besucher können sich im Nationalparkzentrum am Baumkronenpfad im Westteil des Nationalparks informieren. Dort zeigen Bilderwände, Filme, eine Wurzelhöhle sowie verschiedene Erlebnisstationen die Geheimnisse des Naturgeschehens auf. Der „Baumkronenpfad“ verläuft über 540 Meter Länge bis zu einer Höhe von 44 Meter. Er gibt Einblicke in das Leben der Baumkronen von deren unteren Kronen bin hinauf zum Wipfelbereich der Bäume mit Ausblicken auf den Hainich und das Thüringer Becken.

Eine Umweltbildungsstation nahe der Gemeinde Kammerforst am nördlichen Rand des Nationalparks steht Schulklassen, Kindergärten sowie Jugendforschergruppen zum Lernen und Forschen offen. Bei Erlebnis- und Lernwanderungen können sie ihr herkömmliches Klassenzimmer in ein luftiges, grünes Umfeld eintauschen und abseits von Handy und Co. ihre Sinne schärfen. Denn darauf kommt es wirklich an!

Das Forschungskonzept enthält die **Kartierung** der einzelnen Lebensräume, Pflanzen und Tiere sowie der abiotischen Umweltfaktoren (Klima, Klimaelemente (Temperatur, Luftfeuchte u. dgl.). **Monitoring** in Form von Dauerbeobachtung ist zum Erkenntnisgewinn des Entwicklungsstands sämtlicher Ökosysteme erforderlich. Ein weiterer Schwerpunkt liegt auf **speziellen Untersuchungen zur natürlichen Entwicklungsdynamik einzelner Waldgesellschaften** (Beispiel CO_2 - Bilanzierung), die insbesondere von Hochschulen durchgeführt werden. Mit der Bedeutung und Akzeptanz des Schutzgebiets für den Tourismus und den Menschen allgemein befassen sich **sozioökonomische Forschungsprojekte**.

Nationalpark Hainich (75 qkm)

Räumliche Entwicklung

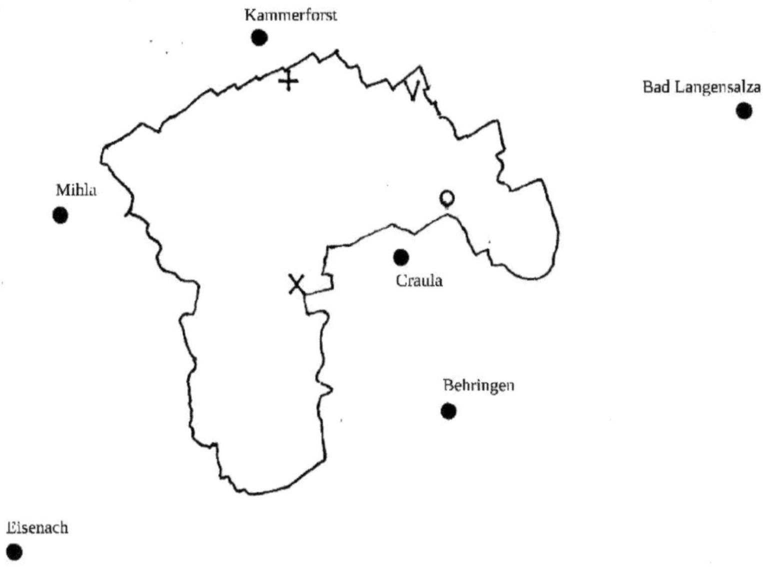

X Höchste Erhebung „Große Laite“ (490 m ü.M.)
V Tiefster Punkt (230 m ü.M.)
O Nationalparkzentrum, Baumkronenpfad
+ Umweltbildungsstation

3 Km

Nationalpark Kellerwald-Edersee

Buchen-Nationalpark in Hessen

Entwicklung

Der Kellerwald im Nordwesten von Hessen ist ein Mittelgebirge im Westhessischen Berg-und Senkenland und somit Bestandteil des Rheinischen Schiefergebirges als dessen nordöstlichser Randbereich. Sein Ursprung reicht bis in die Zeiten des Devon und Karbon im Erdaltertum vor 300 bis 400 Millionen Jahren zurück, in deren Verlauf er durch Plattentektonik der variszischen Gebirgsbildung aufgefaltet wurde. Gesteinsformationen aus zuvor im Meer abgelagerten Substraten stehen im Nordwesten und Südosten mit Grauwacken (graue Feldspat – Sandsteine), Ton- und Kieselschiefer aus dem Karbon an. Der mittlere Bereich des Kellerwaldes ist aus Tonschiefer, Grauwacken und Kalkstein des Devon aufgebaut. Hier finden sich auch Erze und Mineralien größeren Umfangs, während der südliche Bergzug durch Graniteinschlüsse aus der Spätphase des Devon gekennzeichnet ist. In den nordöstlichen und südwestlichen Rändern hingegen wurde im späten Perm im Zuge einer erneuten marinen Transgression Dolomit-und Kalkgestein abgelagert. Seine kohlensäurehaltigen Heilquellen verdankt Bad Wildungen den vor rund 30 Millionen Jahren im Tertiär erneut ablaufenden tektonischen Hebungsprozessen unter vulkanischen Begleiterscheinungen, welche Kohlensäure freisetzten, die in Wasseransammlungen von Gesteinsbrüchen gebunden wurde.

Ganz anders, nämlich durch direkten anthropogenen Einfluss entstand der Edersee im Norden des Kellerwaldes, dessen zukünftiger Nutzungszweck Anfang des 20. Jahrhunderts klar definiert wurde. Der nordhessische Fluss Eder, ein Nebenfluss der Fulda, die wiederum beim Zusammenfluss mit der Werra die Weser bildet („Wo Werra sich und Fulda küssen, sie ihre Namen büßen müssen….." auf dem Weserstein in Hann. Münden von 1899), sollte primär Wasser zur durchgängigen Befahrung von Binnenschiffen auf der Oberweser und dem Mittellandkanal bereitstellen. Innerhalb von sechs Jahren konnte das Projekt bis 1914 realisiert werden. Nach und nach entwickelte sich der Stausee zu einem begehrten Erholungsgebiet. Weitere Vorteile bestehen im Hochwasserschutz der Gebiete unterhalb der Staumauer sowie in der elektrischen Energiegewinnung.

Der im Spätmittelalter durch wilde, ungelenkte Nutzung regelrecht verwüstete Wald war bis 1918 zwei Jahrhunderte lang das Jagdrevier des Fürstentums Waldeck, nachdem die Waldecker Fürsten Wiederaufforstungsmaßnahmen fast ausschließlich mit Buchen vorgenommen hatten. Nach der „Deutschen Revolution" von 1918 setzten sich dort die „Staatsjagden" über alle politischen Systeme hinweg weiter fort. Erst 1963 Jahre wurde ein Wildschutzgebiet eingerichtet. Erste Ausweisungen von Naturschutzgebieten folgten zwischen 1989 und 2000. Während dieser Zeit entwickelte der Verein „Pro Nationalpark-Kellerwald e.V." das gedankliche Modell eines Nationalparks. Zunächst entstand 2001 der „Naturpark Kellerwald-Edersee" und endlich die Gründung des Nationalparks Kellerwald-Edersee zum Jahresbeginn 2004. Sowohl seine Anerkennung als UNESCO Weltkulturerbe sowie auch, als erstem Nationalpark in Deutschland nach dem Bayerischen Wald 1972, die internationale Zertifizierung zum Nationalpark der Kategorie II durch die IUCN erfolgten im Jahr 2011. Neun Jahre später konnte seine Fläche nördlich und östlich des Edersees um knapp 20 qkm erweitert werden.

Struktur

Knapp 40 km südwestlich von Kassel, zwischen Rothaar- und Knüllgebirge, erstreckt sich der „Nationalpark Kellerwald-Edersee“ auf einer Fläche von 77 qkm von den nördlichen und östlichen Hangwäldern des Edersees entlang dessen gesamten Südrands über den Nordteil des Kellerwalds (Große Hardt / Ederhöhen) bis zur Ortschaft Frankenau im Süden. Umgeben ist er vom Naturpark Kellerwald-Edersee. Trotz des Beinamens gehört der Stausee mit seinen umliegenden Gemeinden nicht zum Nationalparkgebiet. Sein Höhenniveau reicht von 195 m (Ederabfluss im Osten) bis 626 m ü.M. auf dem Traddelkopf im Südosten. Da das gesamte Gebiet zu rund 98 % Im Eigentum des Landes Hessen steht, ergeben sich kaum Interessenskollisionen wie in manch anderen Nationalparks mit verhältnismäßig hohem Anteil privater Eigentümer und Nutzungsberechtigter.

Die nutzungs- und eingriffsfreien Naturzonen umfassen über 90 % des Areals, ein außergewöhnlich hoher Wert für den noch recht jungen Nationalpark. In den Entwicklungszonen (5 %) werden durch Renaturierungsmaßnahmen natürliche Prozesse angestoßen, um den ursprünglichen Naturzustand wiederherzustellen und sie anschließend in die Naturzone zu überführen. Dauerhaftes Management findet kleinflächig in den Pflegezonen (3 %) zum Erhalt der traditionellen Kulturlandschaft statt. Der Affolderner Stausee (165 Hektar) im Nordosten ist Bestandteil des Nationalparks; er dient außer dem Hochwasserschutz auch als Unter- und Speicherbecken für zwei Wasserkraftwerke sowie als Rastplatz für Zugvögel.

Der komplette Waldanteil beträgt etwa 90 %, Grünland mit Wiesen und Weiden nehmen 3 %, Gehölze 2 %,

Wege/Plätze/Gebäude 4 % und Gewässer 1 % der Nationalparkfläche ein. Absolut dominant sind die Hainsimsen-Buchenwälder auf bodensauren Böden. In diesem vorherrschenden Lebensraum gibt die Rotbuche den Ton an, vereinzelt sind auch Eiche und Ahorn vertreten. Wald-Sauerklee, Heidelbeere und natürlich die Weiße Hainsimse wachsen hier als charakteristische Pflanzenarten der unteren Waldetagen. Weitere Standorte nehmen Waldmeister-Buchenwälder, Eichen-Hainbuchenwälder sowie Blockschuttwälder an Hängen mit Edellaubbäumen wie Spitzahorn, Ulme oder Traubeneiche ein.

Erlen- und Eschenwälder stehen in feuchteren Gebieten an Quellbereichen und Bächen. In diesem Lebensraum kommen in den flacheren Talwiesen zusammengeflossener Quellbäche die Bachforelle, der Eisvogel und auch die Wasseramsel vor. Die im felsigen Gelände der Steilhänge durch Erosion und Frostsprengung über lange Zeiträume geformten Klippen und Steinblöcke beheimaten wiederum seltene Arten wie die pink blühende Pfingstnelke, ein Relikt aus der Eiszeit. Auch die anthropogen beeinflussten Bereiche einstiger Agrarwirtschaft in Gestalt von Feucht- und Glatthaferwiesen zur Viehfutter- und Heugewinnung sowie Heiden und Magerrasen bieten Lebensräume für zahlreiche Spezies und müssen zu deren Erhalt entsprechend gepflegt werden.

Über 15.000 verschiedene Arten von Fauna, Flora und Funga leben im Nationalpark, nahezu 9.000 davon sind kartiert. Vom Grundwasserflohkrebs der Quellfauna über den Schwarzstorch und die Europäische Wildkatze bis zum Rothirsch in den ausgedehnten, lückenlosen Waldgesellschaften finden dort mehr als 5.600 Tierarten ihr Domizil. Auf den Böden und im Totholz leben allein 1.300 Pilz- und 1.700 Käferarten.

Nationalparkziele

Typische Tier-, Pflanzen- und Pilzgesellschaften sollen unter Bewahrung der eigengesetzlichen Natur in ihren natürlichen und naturnahen Ökosystemen geschützt und erhalten werden. Dabei spielt der Einklang gemeinsamen Interesses von Mensch und Natur eine wesentliche Rolle. Wildtierregulierung soll langfristig auf 75 % der Gesamtfläche gänzlich entfallen, der natürlich ablaufende Prozessschutz hingegen auf bis zu 96 % Flächenanteil erhöht werden.

Im Nordwesten des Nationalparks befindet sich das zentrale Nationalpark- und Informationszentrum zwischen den Vöhler Ortsteilen Herzhausen und Kirchlotheim am Edersee mit multimedialer Ausstellung und einem Wildnis-Erlebnisgelände im Kleinformat. Hier findet auch Bildung zu den drei Kernthemen „Wildnisgedanke/Nationalpark-Idee", „UNESCO-Weltkulturerbe" sowie „Natur und Vielfalt" statt. Angesprochen werden Kindergärten und Schulen bis zur Sekundarstufe II als größte Zielgruppen. Aber auch alle anderen interessierten Altersgruppen haben die Möglichkeit, entsprechende Veranstaltungsangebote sowohl in freier Natur auf Exkursionen als auch in Seminarräumen wahrzunehmen.

Forschung und Dokumentation sollen Erkenntnisse über den Entwicklungsstand des Schutzgebiets mit dem Ziel notwendiger Managementmaßnahmen gewinnen.
Im Zentrum der Forschungsarbeit steht das Umweltmonitoring zwecks Untersuchung von Einflüssen verschiedener meteorologischer Parameter auf das Ökosystem Buchenwald, dessen Stoffflüsse (Niederschlag, Sickerwasser, Stoffeinträge) und die Immissionsmessung von Stäuben und Gasen.

Wildtiermonitoring soll Aufschluss über das Verhalten und die Populationsentwicklung verschiedener Spezies liefern. Das Lockstockprojekt zum Nachweis von Wildkatzen, Fotofallen oder Rotwild-Telemetrie dienen hierbei der Unterstützung des Monitorings.

Mit Fragen zur Akzeptanz und dem damit verbundenen regionalen Stellenwert des Nationalparks befasst sich die sozial-ökonomische Forschung. Infolge der stetig zunehmenden Erholungsnutzung sollen potentielle Konflikte mit den eigentlichen Schutzzielen aufgedeckt, gegeneinander abgewogen und Lösungsmöglichkeiten gefunden werden.

Nationalpark Kellerwald-Edersee (77 qkm)

Räumliche Verteilung

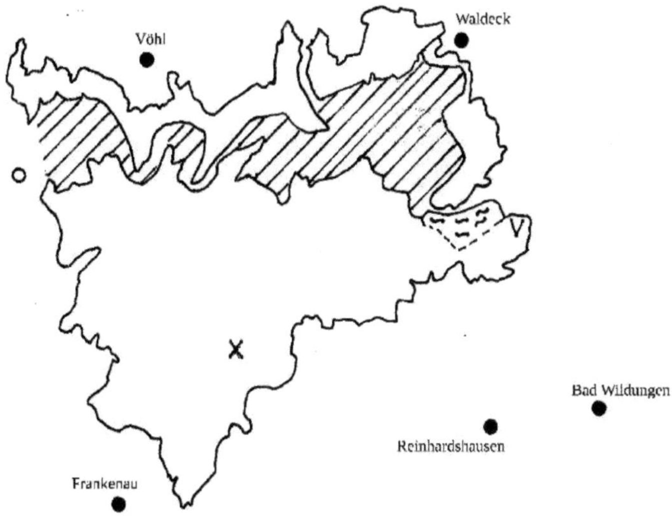

2 Km

O Nationalparkzentrum Kellerwald
X Höchste Erhebung Traddelkopf (636 m ü.M.)
V Tiefste Niederung (195 m ü.M.)
~ ~ Affolderner Stausee (204 m ü.M.)
▨ Ederseegebiet mit anliegenden Ortschaften (kein Nationalparkbestandteil)

Nationalpark Eifel

Wald, Wasser, Wildnis

Entwicklung

Auch das Gebiet des heutigen Nationalparks in der Nordeifel ist als Teil des Rheinischen Schiefergebirges während der variszischen Gebirgsbildung durch Faltung und Hebung entstanden. Dabei ist zu bemerken, dass bestimmte Bereiche der Eifel aus verschiedenen Untergrundgesteinen wie Buntsandstein, Schiefer, Muschelkalk oder vulkanischem Gestein (Vulkaneifel) zusammensetzt sind. Während Buntsandstein und Tonschiefer vor über 400 Millionen Jahren das Grundgebirge bildeten, kam es im frühen Devon zu einer Meerestransgression mit nachfolgender Ablagerung von Tonen, Sanden und Meereskalk unter teilweiser Dolomitisierung. Beim Übergang vom Devon zum Karbon vor rund 360 Millionen Jahren erfolgten weitere Hebungen des Gebirges, wobei Ton in Schiefer und Sand in Sandstein umgewandelt wurden. Aus dem Grundgebirge entstand im Perm durch abtragende Erosion ein Rumpfgebirge. Aus diesem Rumpfgebirge entwickelte sich zwischen Trias und Kreide durch Sand-, Schotter-, Muschelkalk- Keuper- und Meeresablagerungen ein Deckgebirge. Im Tertiär vor etwa 20 bis 30 Millionen Jahren begannen parallel zur alpidischen Orogenese in einigen Bereichen der Eifel vulkanische Aktivitäten wie in der Hocheifel westlich von Koblenz. Erst im Quartär fand der intensivste Vulkanismus in der weiter südlich gelegenen Vulkaneifel mit nachfolgender Bildung der durch Gasexplosionen entstandenen Maare statt.

In der Rureifel als zentralem Teil der Nordeifel wirkten sich diese vulkanischen Aktivitäten kaum aus. Hier, im Umfeld des heutigen Nationalparks, wurden die mesozoischen Ablagerungen stellenweise wieder abgetragen, sodass größtenteils die devonischen Gesteine als oberste, bodenbildende Gesteinsschichten anstehen.

Der heutige Nationalpark Eifel entstammt einer Idee der Umweltschutzorganisation „Bund für Umwelt und Naturschutz Deutschland e.V.", die um die Jahrtausendwende formuliert wurde. Als der Abzug belgischer Truppen von deren Übungsplatz Vogelsang anstand, konnte diese Idee im Verbund mit dem Wohlwollen der Landesregierung Nordrhein-Westfalens zum 01.01.2004 realisiert werden.

Struktur

Im Südwesten des Bundeslands Nordrhein-Westfalens, etwa 30 km südöstlich von Aachen, grenzt der 110 qkm große „Nationalpark Eifel“ im Westen an die Talsperre Rursee und im Süden an die belgische Grenze. Dort befinden sich die höchsten Erhebungen bis maximal 625 m ü.M., die tiefste Stelle ist mit 200 m ü.M. im äußersten Norden nahe des Mündungsbereichs der Kall in die Rur lokalisiert.
Als Bestandteil des Nationalparks liegt die Talsperre Urftsee praktisch genau in dessen Mitte. Eigentümer ist zu gut Zwei Drittel das Land Nordrhein-Westfalen, etwas mehr als ein Viertel entfällt auf den Bund. Die restlichen knapp 10 % liegen dauerhaft in privater Hand. Angestrebt wird eine Übertragung der Bundes- auf die Landesflächen.

Zone I (Prozessschutzzone, ~75%) unterteilt sich in Zone Ia (~ 58%), die seit 2004 dem Prozessschutz unterliegt; Ib (~17 %), die nach spätestens 30 Jahren in diese Schutzkategorie zu überführen ist und Ic (~12 %), welche voraussichtlich erst nach 30 Jahren diese Voraussetzung erfüllt.
In Zone II (Managementzone, ~13 %) sind regelmäßige Pflegemaßnahmen dauerhaft erforderlich.

Vor allem der Süd-und Ostteil ist mit knapp 30 % (noch) von Fichtenwald bedeckt, Eichenwald ist zu 16 %, Buchenwald zu 11 % (beide im Norden und Westen) sowie Mischwald zu 12 % vertreten. Alle Wälder nehmen insgesamt knapp drei Viertel der Nationalparkfläche ein. Der Grünlandanteil als weiteres prägendes Landschaftsbild in einigen Bachtälern sowie auf der ausgedehnten Dreiborner Hochfläche südlich des Urftsees beläuft sich auf 14 %.

Etwa 12.000 Arten von Tieren, Pflanzen und Pilzen sind in den Lebensräumen des Nationalparks Eifel nachgewiesen, darunter die Säugetiere Biber, Wildkatze und Rothirsch. Mehrere Fledermausarten, Uhu, Schwarzspecht oder auch der Schwarzmilan durchstreifen die Lüfte, während die Schlingnatter, Mauereidechse und Kreuzkröte aus dem Reich der Reptilien und Amphibien hier ebenso beheimatet sind. Zu den botanische Raritäten gehören die Moor- und Astlose Graslilie sowie die Gelbe Narzisse.

Nationalparkziele

Im Zentrum der Betrachtung steht im Nationalpark Eifel der Prozessschutz der durch einheimische Laubbäume entstandenen Wälder einschließlich ihrer natürlichen Felsstandorte und Bäche. Spätesten bis zum Jahr 2034 soll mindesten 75 % der Nationalparkfläche diesem Prozessschutz unterliegen, damit die Vorgaben des IUCN zur Anerkennung als Nationalpark im internationalen Maßstab erreicht werden kann. Offenlandbereiche wie das Grünland sind in diesem Kontext beinhaltet. Die großen Wälder des Kemeter in Norden und des Dedenborn im Süden sollen aufgrund der Störung des ehemaligen Truppenübungsplatzes wieder miteinander verbunden werden.

Das Naturerleben für Besucher ist ein weiteres wichtiges Anliegen. Es ermöglicht die gedankliche Auseinandersetzung mit den natürlichen Kreisläufen vom Werden und Vergehen biotischen Lebens sowie abiotischen Umwandlungsprozessen. Nicht zuletzt ist dabei auch die Erholungsfunktion des zumeist stressgeplagten Menschen von Relevanz. Nur wenige Hundert Meter südöstlich der Urftseesschleife ist das Nationalparkzentrum Eifel im „Forum Vogelsang IP“ erste Anlaufstelle zur Erlangung entsprechender Informationen, unter anderem mit der Erlebnisausstellung „Wildnis(t)räume“.

Über 85 Kilometer in vier Etappen führt ein „Wildnis-Trail“ von Höfen im Südwesten quer durch Gebiet bis in an die Nordspitze des Nationalparks bei Zerkall. Entspannter Naturgenuss in Verbindung mit Lernmöglichkeiten - eine unschlagbare Kombination. Familien mit Kindern wird jeden ersten Sonntag im Monat eine kostenfreie Führung angeboten, individuelle Führungen sind ebenfalls möglich.

Weiteres Ziel ist die Umweltbildung für Schulklassen und Kindergärten. Im Rahmen von 1,5 bis 4,5-stündigen Erkundungstouren (Kitas bis maximal 135 Minuten) können, differenziert nach Klassenstufen, verschiedene Themenbereiche gebucht werden, um dem Wesen der Wildnis auf die Spur zu kommen.

Genau dies, die Suche nach neuen Erkenntnissen, ist auch Sinn und Zweck wissenschaftlicher Forschung. Hierzu gehören Bestandsaufnahmen zum Aufbau der Ökosyteme unter Erfassung der Artenvielfalt mit Standortkartierungen und Wetterdaten. Weiterhin wird über das Monitoring die langfristige Entwicklung dieser Lebensräume untersucht. Hinzu kommen die sozioökonomischen Faktoren hinsichtlich der Anziehungs- und Wirtschaftskraft des Nationalparks. Schließlich greifen gezielte Forschungsprojekte ganz spezielle Fragestellungen auf. Am Beispiel des Untersuchungsgegenstands „Die Nachtfalter im Nationalpark Eifel“ konnten nach 12 Jahren intensiver Arbeit 1.288 Nacht- und 49 Tagfalterarten ermittelt und beschrieben werden.

Nationalpark Eifel (110 qkm)

Räumliche Verteilung

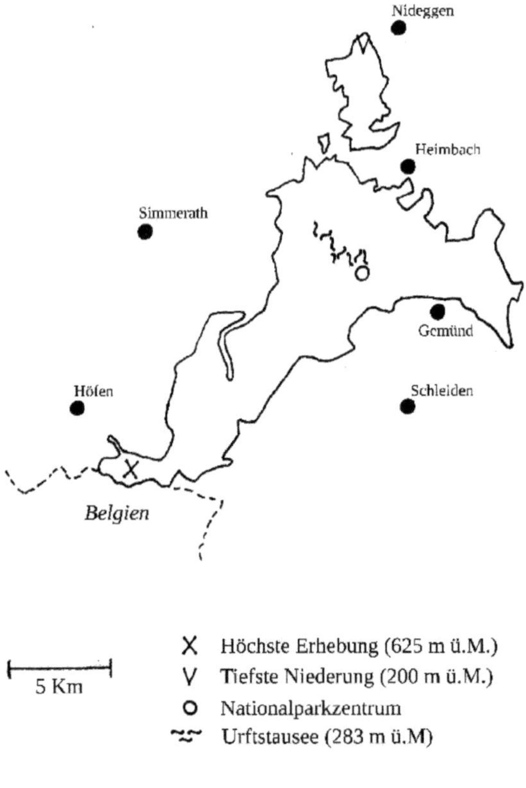

Nationalpark Schwarzwald

Tannen und Grinden

Entwicklung

Das Grundgebirge des ostrheinischen Schwarzwalds entstand zusammen mit dem der Vogesen auf der Westseite des Rheins wie alle Mittelgebirge in Mittel- und Westeuropa vor rund 350 Millionen Jahren durch Hebung infolge des Aufeinanderdriftens der Großkontinentalplatten Laurussia und Gondwana. Es besteht aus Graniten und Gneisen, die allerdings nur in wenigen Gebieten des Schwarzwalds an dessen Oberfläche treten. Im Wechsel von Meerestransgression, Hebung und Abtragung formte sich zunächst die permische Rumpffläche mit anschließenden aquatischen und terrestrischen Ablagerungen von Sedimentgesteinen, insbesondere Sandstein und Rotliegendem in den Senken. Dabei handelt es sich um den variszischen Abtragungsschutt unter Bildung des Deckgebirges, welches heute vor allem im Nordschwarzwald ausgeprägt ist. Diese Ablagerungen vollzogen sich über einen Zeitraum von mehr als 100 Millionen Jahren vom späten Perm bis zum Beginn der Kreidezeit.

Das Gebirge, wie es heute in Erscheinung tritt, entstand im frühen Tertiär mit Einbruch des Oberrheingrabens zwischen Basel und Frankfurt am Main. Vor 60 bis 70 Millionen Jahren brach die dort verhältnismäßig dünne Erdkruste ein, wobei Gesteinsschichten in den Graben einsanken. Im Zuge einer Ausgleichsbewegung wurden gewissermaßen wie bei einer dreikörbigen Waage die umliegende Gesteinsmassen an den Rändern als Grabenschultern in Gestalt des Schwarzwalds und der Vogesen als Bruchschollengebirge (genauer: Pultbruchscholle) angehoben.

Da sich diese Hebungen nicht gleichmäßig vollzogen, ist der West- und Südteil des Schwarzwalds höher als im Osten und Norden.

Erst Anfang der 1990er Jahre, dem Höhepunkt der Nationalparkgründungen in (Ost-) Deutschland, wurde auch erstmals in Baden-Württemberg über die Errichtung eines Nationalparks im Schwarzwald diskutiert. Von der damaligen Regierungsführung abgelehnt kam es erst zwischen 2005 und 2010 mit einen neuen Ministerpräsidenten zum Sinneswandel in Sachen Naturschutz. Nach mehreren Standortprüfungen kam man zu dem Ergebnis, dass der Nordschwarzwald die besten Voraussetzungen mit wenig Privatflächen, ausgedehnten Wäldern und großen, bereits bestehenden Naturschutzflächen die besten Voraussetzungen für einen Nationalpark erfüllt. Grundsätzlich ist der Nordschwarzwald stärker bewaldet als die übrigen Teile dieses größten und höchsten deutschen Mittelgebirges. Als der Stuttgarter Landtag sowie die Exekutive im Frühjahr 2011 noch grüner wurden, beschlossen die politisch Verantwortlichen Ende 2013 das Nationalparkgesetz mit endgültigem Gründungsdatum 01.01.2014. Damit war nun auch in diesem Bundesland ein solch hochwertiges Schutzgebiet auf historisch größtenteils badischem Territorium entstanden.

Struktur

Im Dreieck Baden-Baden - Offenburg - Freudenstadt liegt der Nationalpark im nördlichen Schwarzwald, dessen Oberfläche hauptsächlich vom Deckgebirge mit Buntsandstein eingenommen wird. Er ist in die Teilbereiche Nord (Hoher Ochsenkopf, 24 qkm) und Süd (Ruhestein, 76 qkm) gegliedert, die 4 Kilometer voneinander entfernt sind. Seine Höhenlagen variieren zwischen 1.150 m ü.M. im nordwestlichsten Zipfel nahe der Hornisgrinde und 470 m ü.M. bei den Allerheiligen-Wasserfällen im Südwesten des größeren Teilbereichs Ruhestein. Der Nordteil erreicht im Hohen Ochsenkopf (südlicher Bereich) eine Höhe von 1.056 m ü.M.
Das Land Baden-Württemberg ist bis auf wenige kleine Ausnahmen weitaus größter Eigentümer der gesamten Nationalparkfläche (Staatswald). Eine Waldfläche im Nordteil wurde von der Stadt Baden-Baden an das Land abgetreten.

Unter Einbindung der Bevölkerung ist er in drei Zonen aufgeteilt. In den Kernzonen (51 % Anteil) hat der Prozessschutz absoluten Vorrang, Natur darf sich weitgehend ohne menschliche Eingriffe frei entfalten. Lenkende Eingriffe zur Waldentwicklung unter Förderung seltener Baumarten sowie Artenschutzmaßnahmen dürfen in den Entwicklungszonen (21 %) vorgenommen werden, bis diese reif für die Integration in die Kernzonen sind. Maximal ein Viertel der Gesamtfläche verbleibt in der Managementzone mit dauerhaft erlaubten Maßnahmen anthropogener Lenkung.

Naturräumlich nehmen Mischwaldflächen mit weit über 90 % den größten Anteil unter Dominanz von Fichten-Tannen-Buchenwälder ein, wobei aufgrund der kulturhistorischen Bewirtschaftung des Schwarzwalds in vielen Bereichen noch immer Fichten dominieren. Immerhin ist der Tannenwald (Weißtanne) mit 15 % Flächenanteil recht stark vertreten. Er verleiht dem Nationalpark damit ein gewisses Alleinstellungsmerkmal innerhalb Deutschlands. Außer dem Reh- und Rotwild bewohnen Fledermäuse, Baummarder und Gartenschläfer als weitere Säugetierarten das Areal.

Waldfreie Bergweiden (Grinden) und Plateaumoore in den Hochlagen machen etwa 4 % der Nationalparkfläche aus. Sie sind vorwiegend unter ehemals anthropogener Weidewirtschaft auf nährstoffarmen, zu Staunässe neigenden Böden des Buntsandsteins entstanden. Diese Übergangsbereiche vom Wald zum Offenland umfassen auch Grindmoorheiden und Missen (flachgründige kleine Moore). Charakteristische Pflanzen sind hier das Heidekraut, Pfeifen- und Borstgras, Heidel- und Preiselbeere und die Latschenkiefer. Für das Auerhuhn und die Kreuzotter ein idealer Lebensraum, der die anspruchsvollen Standortbedingungen dieser gefährdeten Tierarten hinreichend abdeckt.

Drei beeindruckende Karseen bilden einen weiteren Lebensraum für Sumpf-Bärlapp, Sonnentau- und Wollgrasarten sowie viele Amphibien. Sie befinden sich weiträumig verteilt im Nordosten (Huzenbacher See), Nordwesten (Wilder See) und Süden (Buhlbachsee) der Teilfläche Ruhestein.

Nationalparkziele

Allem voran steht das Ziel zum Prozessschutz, das heißt, dem Wirkungsgefüge natürlicher Umweltkräfte Geltung zu verleihen und die Entwicklung der Dynamik von Lebensgemeinschaften weitgehend unbeeinflusst und frei von menschlichen Einflüssen zu gewährleisten. Die natürlichen und naturnahen Ökosysteme sollen geschützt sowie der heimische Artenbestand der Lebewesen erhalten und gefördert werden. Das betrifft ebenso die für den Nordschwarzwald charakteristischen Bergmischwälder, Grinden, Moore und Kare. Weiterhin sollen die ehemaligen Nutzungswälder durch natürliche Sukzession in einen Naturwald überführt werden.

Das Nationalparkzentrum Ruhestein im Südteil vermittelt im Rahmen einer interaktiven Dauerausstellung wissenswerte Informationen zur Artenvielfalt und den einzelnen Lebensräumen. Im Zentrum des nördlichen Teils „Hoher Ochsenkopf“ steht Besuchern zukünftig das Nationalparkhaus Herrenwies für Informationen zur kulturhistorischen Entwicklung des Nordschwarzwald offen.

Wildnisbildung wird für Kinder, Jugendliche und Erwachsene, also quasi für alle denkbaren Zielgruppen, programmspezifisch angeboten. Ein besonderer Blickwinkel richtet sich auf Kindergärten und Schulen aller Jahrgangsstufen aus der Region als Kooperationspartner. Emotionales Naturerleben, biologische Vielfalt, Verständnis für ökologische Zusammenhänge und natürlich Sinn und Zweck des Prozessschutzes stehen dabei im Vordergrund.

Forschung steht im Nationalpark Schwarzwald gleichberechtigt für Natur und Mensch. Natur- und sozialwissenschaftliche Studien bilden hier einen ganzheitlichen, untrennbaren Forschungsansatz, der rein praktischer Erkenntnisgewinnung dient. Das zeigt auch die Tatsache, dass direkter Austausch sowie öffentliche Diskussionen über die Nationalparkentwicklung ein eigenständiges wissenschaftliches Aufgabenfeld bilden. Einer der Schwerpunkte ist die Langzeitbeobachtung der Waldentwicklung mit der Veränderung ihrer Lebensräume. Hierbei geht es auch um die Frage, welchen Einfluss derartige Veränderungen auf die Gewässer (Temperatur, pH-Wert und dgl.) haben, von denen wiederum Flora und Funga abhängig sind.

Das Auerhuhn als Urvogel des Schwarzwalds hat Symbolcharakter insbesondere für dessen Nordteil auch in kulturhistorischer Sicht. Schließlich ist es sogar das Wappentier des Kreises Freudenstadt. Sein Bestand ist gefährdet und deshalb Gegenstand genauer Untersuchungen seiner Lebensräume im Schutzgebiet. Ein beispielhaftes Forschungsgebiet im Rahmen des soziokulturellen Monitorings beschäftigt sich mit der Wirkung eines Besuchs von unberührter Natur auf Gesundheit und Wohlbefinden des Menschen. Ziel ist unter anderem das Verstehen subjektiver Wahrnehmungssichtweisen nach sozialdemographischen Merkmalen wie Alter, Geschlecht oder sozialem Status.

Nationalpark Schwarzwald (101 qkm)

Räumliche Verteilung

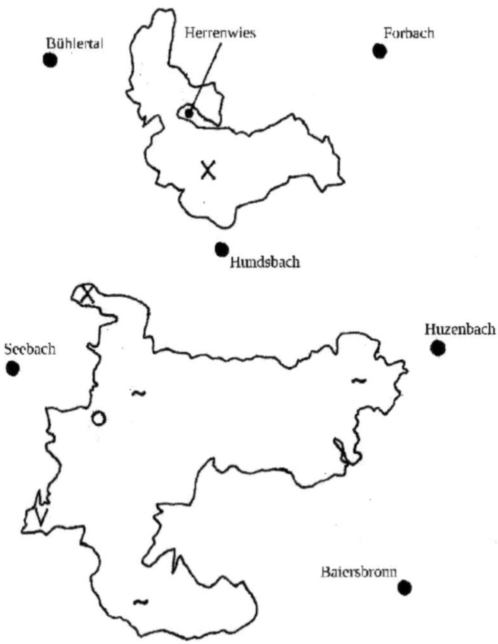

2 Km

- X Höchste Erhebungen (1.056 m ü.M. Nordteil, 1.150 m Südteil)
- V Tiefste Niederung (470 m ü.M.)
- O Nationalparkzentrum Ruhestein
- ~ Karseen

Nationalpark Hunsrück-Hochwald

Hangbrücher und Rosselhalden

Entwicklung

Ebenso wie Kellerwald und Eifel ist auch der Hunsrück als südwestlicher Teil des Rheinischen Schiefergebirge vorwiegend mit alten devonischen Gesteinen (Tonschiefer, Sandstein, Taunusquarzit, Grauwacken) im Zuge der variszischen Gebirgsbildung aufgefaltet worden. Kulturhistorische Einflüsse auf das Landschaftsbild übten bereits Kelten und Römer aus. Im Mittelalter intensivierten sich planlose Rodungen, die Kupfer- und Eisenverarbeitung der frühen Industrialisierungsphase prägten zahlreiche Standorte.

Der heutige Nationalpark Hunsrück-Hochwald entstand auf Initiative der seit 2011 in Rheinland-Pfalz regierenden rot-grünen Koalition. Schließlich war dieses Bundesland zusammen mit dem Saarland und Baden-Württemberg zu diesem Zeitpunkt der noch einzig verbliebene Flächenstaat ohne ein solches Schutzgebiet. Da aufgrund der Erfahrungen anderer Nationalparks Konflikte mit privaten Grundbesitzern von vornherein ausgeschlossen werden sollten, fiel die Entscheidung auf ein überwiegend in öffentlichem Eigentum stehendes Gebiet im Südwesten des Hunsrück, den Teilbereichen Idarwald und Hochwald. Das saarländische Ministerium für Umwelt bekundete im Sommer 2013 sein Interesse an einem länderübergreifenden Projekt unter Einschluss des im Grenzbereich beider Bundesländer befindlichen saarländischen Teils des Hochwalds nördlich von Nonnweiler auch im Hinblick auf sanften Tourismus. Ein halbes

Jahr später stimmte die Mehrheit der Bürger der vom Nationalparkprojekt tangierten Kommunen gegen den Widerstand einiger holzindustrieller Unternehmen für dessen Realisierung. Durch den zwischen beiden Ländern im Oktober 2014 geschlossenen Staatsvertrag konnte der Nationalpark dann offiziell zum 01.05.2015 gegründet werden.

Struktur

Das Gebiet liegt am Südostrand des Hunsrück, etwa 12 km östlich von Idar-Oberstein. Es erstreckt sich mit einer Fläche von knapp 102 qkm von Teilen des Idarwalds im Nordosten über eine Länge von rund 27 km in südwestliche Richtung über den Hochwald (80 % der Nationalparkfläche) bis Nonnweiler. Es handelt sich fast ausschließlich um Eigentum der öffentlichen Hand. Die höchste Erhebung ist der Erbeskopf (816 m ü.M.) an der Nationalparkgrenze 6 km östlich von Hilscheid, der tiefste Punkt liegt mit 380 m ü.M. im Nordosten nahe Kirschweiler.

Eingeteilt ist der Nationalpark in die Naturzone 1a (Wildnisbereiche, in denen die Natur sich selbst überlassen ist; gegenwärtig 50 % Anteil), in die Naturzone 1b (Entwicklungsbereiche, in denen temporäre Maßnahmen zur Wildnisentwicklung und späteren Integration in Zone 1a vorgenommen werden) und in die Pflegezone 2 (Anteil 25 %) mit dauerhaften Pflegemaßnahmen wertvoller Biotope wie beispielsweise Arnikawiesen. Sie dient auch als Puffer zur Abwehr äußerer Einflüsse auf den Prozessschutz.

Natürliche, altholzreiche Buchenwälder mit eingestreuten Quell- und Hangmooren (Hangbrücher) sind mehr als zur Hälfte der Waldfläche vertreten. Rotbuche und die Gemeine Fichte dominieren als Baumarten, vereinzelt treten Traubeneiche und Moorbirke auf ihren jeweils typischen trockenen bzw. feuchteren Standorten auf. Die während der letzten Eiszeit infolge von Frostsprengung entstandenen Felsformationen der Blockschutthalden (Rosselhalden) sowie das Offenland mit seiner auf Magerrasen wachsenden, stark gefährdete Heilpflanze Arnika nehmen als Sonderstandorte etwa 20 % der Nationalparkfläche ein.

Hangbrücher und Rosselhalden sind einzigartige Lebensräume, die als Alleinstellungsmerkmal dieses Nationalparks angesehen werden können. Letztere weisen extreme Lebensbedingungen mit großen Temperaturunterschieden auf. Sie sind teilweise von Birken und Ebereschen mit seltenen Moosen und Flechten durchsetzt. In den wärmeren Jahreszeiten sonnen sich die Mauereidechse und die harmlose Schlingnatter auf den Felsblöcken. Ansonsten ist das Tierleben hier eher begrenzt. Die nassen, sauren Hangbrücher mit Torfmoosen, Sonnentau und Wollgras werden hingegen vom Schwarzstorch zur Jagd auf das reichhaltige Angebot von Fröschen und anderen Amphibien gerne genutzt. Sie entstanden auf wasserstauenden Schichten des Taunusquarzit im niederschlagsreicheren Klima der höheren Hanglagen.

Etwa 100 Wildkatzen durchstreifen den Nationalpark Hunsrück-Hochwald, 17 Fledermaus-, mehr als 60 Vogel-, über 250 Schmetterlings- und 1.400 Käferarten sind hier nachgewiesen. Außer dem Reh-, Rot- und Schwarzwild sind auch Fuchs und Biber vertreten. Von großer Bedeutung für den Park ist die Wildkatze, da sie dort eines ihrer Hauptverbreitungsgebiete hat. Sie lebt zumeist in strukturreichen Laubmischwäldern mit bis zu 4 qkm großen Territorien.

Nationalparkziele

Ein höchstmögliches Maß an natürlicher Dynamik unter Vermeidung menschlicher Störungen soll in den Lebensräumen des Nationalparks Hunsrück-Hochwald gewährleistet werden. Die Auslegung dieses Leitziels gestattet nur dann ein menschliches Eingreifen, wenn Gefahr für Leib und Leben der Besucher (u.a. Brände, Unwetter) oder für angrenzende Wälder (beispielsweise Borkenkäferbefall) besteht. Maßnahmen zum Schutz wertvoller Biotope können ebenfalls erfolgen. Weiteres grundlegendes Ziel auch dieses Entwicklungsnationalparks ist die Ausweitung der Naturzone 1a auf mindestens 75 % der Gesamtfläche innerhalb von 30 Jahren, sodass im Endstadium nur noch zwei Zonen (Natur- und Pflegezone) vorhanden sind.

Erste Anlaufstelle für Besucher ist das Nationalparktor Erbeskopf mit einer Ausstellung zum Park und dem Schwerpunktthema „Wald und Moore". Zwei weitere Tore entstehen im Südwesten nahe der Ortschaft Otzenhausen bei Nonnweiler (Keltenpark) sowie im Nordosten zwischen Kempfeld und Kirschweiler (Wildenburg).

Differenziert nach Klassenstufen können zwischen April und Oktober verschiedene Bildungsprogramme für Schüler wahrgenommen werden. Ein gezielt auf Grundschüler ausgerichtetes Programm zum Thema „Lebensraum Bach" vermittelt Kenntnisse zur Relevanz von Fließgewässern für die Tier- und Pflanzenwelt. Auf Spurensuche der Wildnis gehen Teilnehmer der Sekundarstufe I, ihre Kollegen der Sekundarstufe II blicken auf die Entwicklung und Struktur verschiedener Lebensräume mit dem Schwerpunkt Waldgesellschaften auch unter dem Aspekt kritischer Auseinandersetzung zur Nationalparkidee. Angebote für Kitas stehen ebenfalls bereit, das Thema „Wildkatze“ nimmt hierbei eine zentrale Stellung ein.

Der Nationalpark gibt Anstöße zur wissenschaftlichen Begleitung von Untersuchungen über natürliche Prozessentwicklungen im Gefüge der einzelnen Ökosysteme, um deren Veränderungen zu verstehen. Dies ist notwendig, damit in den Entwicklungs- und Pflegezonen sinnvolle, gezielte Managementmaßnahmen durchgeführt werden können. Forschungsergebnisse sollen aber auch politische Anstöße zu Problemlösungen wie dem Klimawandel geben. Als Beispiel dienen die für den Klimaschutz wichtigen Moore, welche renaturiert und in ihrer Entwicklung genau beobachtet werden. Sie verfügen über ein großes Potential, Kohlenstoff zu speichern, da die im feuchten Milieu gewachsenen Pflanzen nach ihrem Absterben zu Torf werden, in dem der Kohlenstoff gebunden bleibt. Moore sind somit natürliche Klimaschützer par excellence, deren aufwendige Wiederherstellung lohnt.
Eines der Forschungsprojekte befasst sich in einer Erprobung auf dem Gelände des Nationalparks mit dem Belassen von Tierkadavern in der Landschaft (Aasökologie), um herauszufinden, wie dieser kleinräumige Lebensraum im Zusammenspiel mit seinen Nutzern ökologisch funktioniert. Gelöste Nährstoffe aus der tierischen Biomasse eines 30 kg schweren Kadavers entsprechen Düngungsmaßnahmen einiger Agrarsysteme über den Verlauf von 100 Jahren. Aas ist somit ein wesentlicher Nährstofflieferant für viele Lebewesen und ein Hotspot der Biodiversität. Ein Untersuchungsgegenstand, dem bisher nur wenig Aufmerksamkeit gewidmet wurde.

Nationalpark Hunsrück-Hochwald (102 qkm)

Räumliche Verteilung

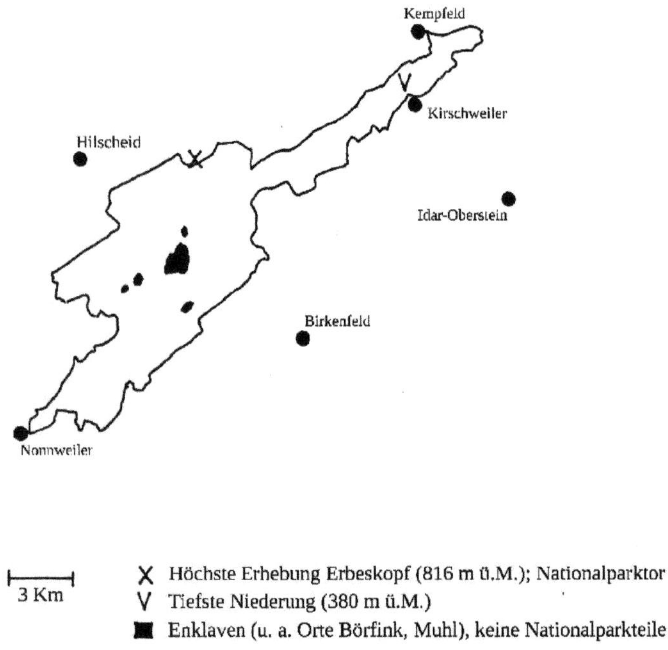

Schlussbetrachtung

Bei den im Verlauf eines Jahrhunderts zwischen 1914 und 2015 gegründeten 23 Nationalparks in der Schweiz, Österreich und Deutschland handelt es sich um fünf solcher Schutzgebiete in den Alpen, acht in Mittelgebirgen, ein tiefes Durchbruchstal im Nordosten Österreichs, zwei Fluss-Auentäler im Nordosten Brandenburgs und östlich von Wien, drei am Wattenmeer der Nordsee, je eine Bodden- und Kreideküstenlandschaft an der Ostsee sowie um zwei Seenlandschaften im norddeutschen Tiefland und im Steppengebiet des Burgenlandes (vgl. folgende Karte). Die naturräumliche Vielfalt im engeren Mitteleuropa ist mit horizontalen Ausdehnungen von 900 km (Nord- Süd- Richtung) und 700 km (Ost-West-Richtung) sowie in der Vertikalen mit Höhenstufen zwischen 0 bis weit über 3.000 m ü.M. weitreichend abgebildet.

Im Verhältnis zu seiner gesamten Fläche ist der kleinste Nationalpark Thayatal mit 18,7 Meter Höhenunterschied pro qkm durch die höchste Reliefenergie gekennzeichnet. Erst dann folgen das Gesäuse (15,4 m/qkm), der Schweizerische Nationalpark (10,4 m/qkm), der Nationalpark Berchtesgaden (10,1 m/qkm) und die Kalkalpen (7,6 m/qkm). Die Schutzgebiete der Mittelgebirge liegen mit Werten zwischen 3,4 (Bayerischer Wald) und 6,7 (Schwarzwald) noch weit vor dem Nationalpark Hohe Tauern (1,5 m/qkm), der trotz des absoluten Höhenunterschieds von 2.800 Meter aufgrund seiner gewaltigen Fläche weit abfällt.

Während sämtliche Nationalparks in Österreich und der Schweiz mit der IUCN-Kategorie II zertifiziert sind, erhielt in Deutschland neben dem Bayerischen Wald 1972 bisher nur der noch relativ junge hessische Nationalpark Kellerwald-Edersee 2011 diese Auszeichnung. Ein bezeichnender Indikator der unterschiedlichen föderalistischen Handlungs- und Herangehensweisen auf politischer und verwaltungstechnischer Ebene. In einigen deutschen Nationalparks werden selbst in deren ausgewiesenen Kernzonen entsprechende Schutzmaßnahmen im Spannungsfeld von Naturschutz und Besuchern sowie anderer Nutzungsaktivitäten nur unzureichend umgesetzt. So manches wird hier geduldet, was dem eigentlichen Wesen eines Nationalparks nicht entspricht.

Nationalparks in der Schweiz, Österreich und Deutschland

Räumliche Verteilung

(Flächen Nationalparks Wattenmeer und Bodden ohne Anteile offenes Meer)

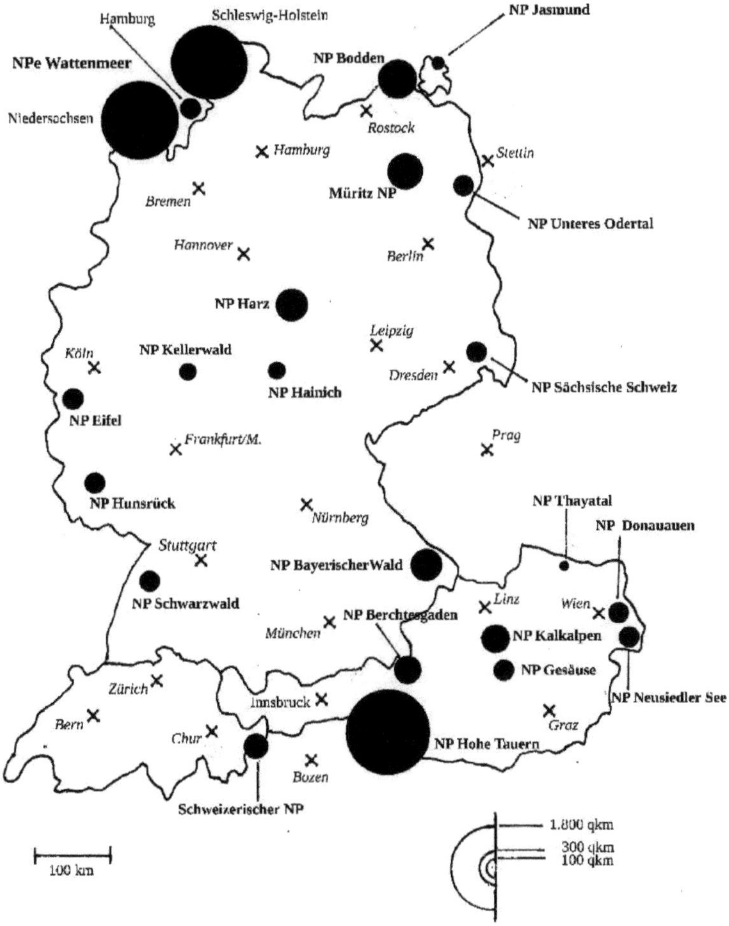

Literatur

Bartocha, Sandra,
Wernike, Peter: Müritz-Nationalpark. Hommage an eine Landschaft. Waren 2010.

Bibelriether, Hans: Natur Natur sein lassen. Die Entstehung des ersten Nationalparks Deutschlands: Der Nationalpark Bayerischer Wald. Freyung 2017.

Dittberner, Winfried: Die Vogelwelt des Nationalparks Unteres Odertal. Rangsdorf 2014.

Echle, Klaus,
Wimmer, Joachim: Nationalpark Schwarzwald. München 2016.

Förderverein National- .
park Eifel e.V. (Hrsg.): Tier- und Pflanzenwelt im Nationalpark Eifel. Köln 2006.

Funk, Konrad: Nationalpark Hunsrück-Hochwald – Im Kleinen das Große entdecken. Rheinbach 2015.

Großmann, Manfred,
Klaus, Siegfried,
Stephan, Thomas: Nationalpark Hainich: Weltnaturerbe in Thüringen. Rangsdorf 2014.

Gwinner, Manfred P.: Geologie der Alpen. Stuttgart 1978.

Hettner, Alfred: Die deutschen Mittelgebirge. Versuch einer vergleichenden Charakteristik. In: Geographische Zeitschrift Jg. 10, Heft 1, Stuttgart 1904. S. 13-25.

Hofmann, Thomas: Nationalpark Thayatal-Podyjí – Natur verbindet. Retz 2003.

Hullen, Meike: Nationalpark Harz: zwei Bundesländer - ein Schutzgebiet. Hannover 2007.

Kupper, Patrick: Wildnis schaffen - Eine transparente Geschichte des Schweizerischen Nationalparks. Bern, Stuttgart, Wien 2012.

Marek, Herfried: Die letzte große Waldwildnis Österreichs – Nationalpark Kalkalpen. Wörschach 2020.

Marek, Herfried: 20 Jahre Nationalpark Gesäuse. Wildes Wasser – Steiler Fels. Wörschach 2022.

Meier, Dirk: Naturgewalten im Weltnaturerbe Wattenmeer. Heide 2012.

Neffe, Ewald: Nationalpark Neusiedler See-Seewinkel. Graz 2003.

Panek, Norbert: Nationalpark Kellerwald-Edersee – Weltnaturerbe in Hessen. Rangsdorf 2017.

Paulson; Christina: Die Karstmoore in der Kreidelandschaft des Nationalparks Jasmund auf der Insel Rügen (Dissertation). In: Greifswalder Geographische Arbeiten, Bd.21. Greifswald 2001.

Rademacher, Christina: Nationalpark Donau-Auen. Wien 2018.

Reich, Jürgen,
Grundner, Thomas: Nationalpark Vorpommersche Boddenlandschaft. Rostock 2010.

Retter, Wolfgang,
Floimair, Roland: Nationalpark Hohe Tauern. Den Ursprüngen begegnen. Salzburg 1992.

Schloeth, Robert: Der Schweizerische Nationalpark. Ein Naturerlebnis. Aarau 1989.

Staatsbetrieb Sachsen-forst (Hrsg.): Der Wald im Nationalpark Sächsische Schweiz. In: Schriftenreihe des Nationalparks Sächsische Schweiz, Heft 7. Bad Schandau 2012.

Stübner, Eberhard: Erlebnis Nationalpark Hohe Tauern. Innsbruck 1996.

Vogel, Michael,
Hildebrandt, Marika: Nationalpark Berchtesgaden - Im Augenblick der Zeitlosigkeit. Berchtesgaden 2010.

Wilhelmsen, Ute
Stock, Martin: Wissen Wattenmeer. Neumünster 2011.

Websites der einzelnen Nationalparks und deren Nationalparkpläne.